全国高等职业院校艺术设计类"十三五"规划教材

总主编／肖勇　傅祎

CI设计与应用

主　编　王大勇

副主编　尹春洁　张甜甜　王　楠

CI DESIGN AND APPLICATION

北京理工大学出版社

BEIJING INSTITUTE OF TECHNOLOGY PRESS

内 容 提 要

本书共三篇。第一篇为理论篇，主要包括CI概述、CI的构成、VI设计的原则、VI设计的基本程序、VI设计的主要内容、CI导入时机；第二篇为实训篇，主要为基于CI设计的工作过程，从CI设计的实际操作层面对CI设计进行深层次的解析，其中包括客户沟通与调研、资料分析与定位、标志设计与制作、基础设计与制作、应用设计与制作、VI手册的编制、项目提案与评估等；第三篇为鉴赏篇。本书尽力将设计与市场两种元素较好地结合起来，选择优秀的CI案例，尽可能达到前瞻性、应用性和示范性的统一。

本书可作为高等职业院校艺术设计类相关专业教材，也可作为广告从业人员和爱好者的参考用书。

图书在版编目（CIP）数据

CI设计与应用 / 王大勇主编.—北京：北京理工大学出版社，2019.2（2019.3重印）
ISBN 978-7-5682-6743-4

Ⅰ.①C…　Ⅱ.①王…　Ⅲ.①企业形象－设计－高等职业教育－教材　Ⅳ.①F272-05

中国版本图书馆CIP数据核字（2019）第031797号

出版发行 / 北京理工大学出版社有限责任公司

社　　址 / 北京市海淀区中关村南大街5号

邮　　编 / 100081

电　　话 /（010）68914775（总编室）

　　　　　　（010）82562903（教材售后服务热线）

　　　　　　（010）68948351（其他图书服务热线）

网　　址 / http://www.bitpress.com.cn

经　　销 / 全国各地新华书店

印　　刷 / 河北鸿祥信彩印刷有限公司

开　　本 / 889毫米×1194毫米　1/16

印　　张 / 7　　　　　　　　　　　　　　　　　责任编辑 / 王玲玲

字　　数 / 195千字　　　　　　　　　　　　　　文案编辑 / 王玲玲

版　　次 / 2019年2月第1版　2019年3月第2次印刷　责任校对 / 周瑞红

定　　价 / 45.00元　　　　　　　　　　　　　　责任印制 / 边心超

总序 GENERAL PREFACE ···············○

20世纪80年代初，中国真正的现代艺术设计教育开始起步。20世纪90年代末以来，中国现代产业迅速崛起，在现代产业大量需求设计人才的市场驱动下，我国各大院校实行了扩大招生的政策，艺术设计教育迅速膨胀。迄今为止，几乎所有的高校都开设了艺术设计类专业，艺术类专业已经成为最热门的专业之一，中国已经发展成为世界上最大的艺术设计教育大国。

但我们应该清醒地认识到，艺术和设计是一个非常庞大的教育体系，包括了设计教育的所有科目，如建筑设计、室内设计、服装设计、工业产品设计、平面设计、包装设计等，而我国的现代艺术设计教育尚处于初创阶段，教学范畴仍集中在服装设计、室内装潢、视觉传达等比较单一的设计领域，设计理念与信息产业的要求仍有较大的差距。

为了符合信息产业的时代要求，中国各大艺术设计教育院校在专业设置方面提出了"拓宽基础、淡化专业"的教学改革方案，在人才培养方面提出了培养"通才"的目标。正如姜今先生在其专著《设计艺术》中所指出的"工业＋商业＋科学＋艺术＝设计"，现代艺术设计教育越来越注重对当代设计师知识结构的建立，在教学过程中不仅要传授必要的专业知识，还要讲解哲学、社会科学、历史学、心理学、宗教学、数学、艺术学、美学等知识，以培养出具备综合素质能力的优秀设计师。另外，在现代艺术设计院校中，设计方法、基础工艺、专业设计及毕业设计等实践类课程也越来越注重教学课题的创新。

理论来源于实践、指导实践并接受实践的检验，我国现代艺术设计教育的研究正是沿着这样的路线，在设计理论与教学实践中不断摸索前进。在具体的教学理论方面，几年前或十几年前的教材已经无法满足现代艺术教育的需求，知识的快速更新为现代艺术教育理论的发展提供了新的平台，兼具知识性、创新性、前瞻性的教材不断涌现出来。

随着社会多元化产业的发展，社会对艺术设计类人才的需求逐年增加，现在全国已有1 400多所高校设立了艺术设计类专业，并且各高等院校每年都在扩招艺术设计专业的学生，每年的毕业生超过10万人。

随着教学的不断成熟和完善，艺术设计专业科目的划分越来越细致，涉及的范围也越来越广泛。我们通过查阅大量国内外著名设计类院校的相关教学资料，深入学习各相关艺术院校的成功办学经验，同时邀请资深专家进行讨论认证，发现有必要推出一套新的，较为完整、系统的专业院校艺术设计教材，以适应当前艺术设计教学的需求。

我们策划出版的这套艺术设计类系列教材，是根据多数专业院校的教学内容安排设定的，所涉及的专业课程主要有艺术设计专业基础课程、平面广告设计专业课程、环境艺术设计专业课程、动画专业课程等。同时，还以专业为系列进行了细致的划分，内容全面、难度适中，能满足各专业教学的需求。

本套教材在编写过程中充分考虑了艺术设计类专业的教学特点，把教学与实践紧密地结合起来，参照当今市场对人才的新要求，注重应用技术的传授，强调学生实际应用能力的培养。此外，每本教材都配有相应的电子教学课件或素材资料，大大方便教学。

在内容的选取与组织上，本套教材以规范性、知识性、专业性、创新性、前瞻性为目标，以项目训练、课题设计、实例分析、课后思考与练习等多种方式，引导学生考察设计施工现场、学习优秀设计作品实例，力求教材内容结构合理、知识丰富、特色鲜明。

本套教材在艺术设计类专业教材的知识层面也有了重大创新，做到了紧跟时代步伐，在新的教育环境下，引入了全新的知识内容和教育理念，使教材具有较强的针对性、实用性及时代感，是当代中国艺术设计教育的新成果。

本套教材自出版后，受到了广大院校师生的赞誉和好评。经过广泛评估及调研，我们特意遴选了一批销量好、内容经典、市场反响好的教材进行了信息化改造升级，除了对内文进行全面修订外，还配套了精心制作的微课、视频，提供了相关阅读拓展资料。同时，将策划出版选题中具有信息化特色、配套资源丰富的优质稿件也纳入本套教材中出版，以适应当前信息化教学的需要。

全国高等职业院校艺术设计类"十三五"规划教材是对教育信息化教材的一种探索和尝试。为了给相关专业的院校师生提供更多增值服务，我们还特意开通了"建艺通"微信公众号，负责对教材配套资源进行统一管理，并为读者提供行业资讯及配套资源下载服务。如果您在使用过程中，有任何建议或疑问，可通过"建艺通"微信公众号向我们反馈。

诚然，中国艺术设计类专业的发展现状随着市场经济的深入发展将会逐步改变，也会随着教育体制的健全不断完善，但这个过程中出现的一系列问题，还有待我们进一步思考和探索。我们相信，中国艺术设计教育的未来必将呈现出百花齐放、欣欣向荣的景象！

肖 勇 傅 祎

"建艺通"微信公众号

前言 PREFACE

随着时代的发展、文明的进步，人们的世界观正在发生着变化，而艺术与设计教育也需要顺应潮流，不断求新、求变。客观面对时代变化，对以往的艺术与设计教育体系、方法进行反思，梳理、调整我们的教学结构与体系，完善这个体系中的具体课程，是我们责无旁贷的使命。

CI系统是一个庞杂的跨领域的大系统，在当今新技术、新媒体、新理念的要求下，CI设计具有越来越多的传播形态。它集合了艺术设计专业在标志设计、字体设计、版面设计、图形设计、插画设计、包装设计、广告设计、界面设计等多学科领域的专业知识技能，需要具备较强的课程整合能力。

为了适应设计行业对专业人才的需求，本教材的编写团队结合目前我国设计教育现状，共同分析、探讨了教材编写体例，遵从"工作过程导向"的课程开发思路，把企业需求、社会需求、教育需求和个性需求有机结合起来，使本教材凸显了以下三种特色：

一是理论篇强调"适度够用"。该篇按照工作过程来梳理、编排CI理论知识，以促进符合职业教育规律的新教学模式的建立。

二是实训篇根据"工作过程导向"的课程理念开发实训任务。该篇基于艺术设计岗位工作流程，把CI设计分为客户沟通与调研、资料分析与定位、标志设计与制作、基础设计与制作、应用设计与制作、VI手册的编制、项目提案与评估七个阶段，采用"任务驱动"模式，将必须掌握的知识点和技能点融入各项任务训练中，倡导学生在行动中发现问题、分析问题、解决问题。

三是案例选择方面，强调"前瞻性、应用性和示范性"的统一。本教材所采用的案例是从上千份CI案例中精选出的经典、新颖、务实并代表当下CI设计业界高水准的成功案例，希望借助这些精彩案例激发学习者的设计热情，帮助设计者在视觉美学与商业传播间寻找平衡点，以打造真正富有价值的CI设计作品。

最后，希望本教材的出版能给业界和教育界提供一些有益经验，推动艺术设计教育更好地服务于经济发展。

编 者

《CI设计与应用》课程实训任务及学时安排

目录 CONTENTS ·········· ◉

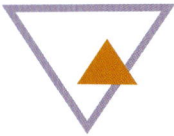

第一篇
理论篇

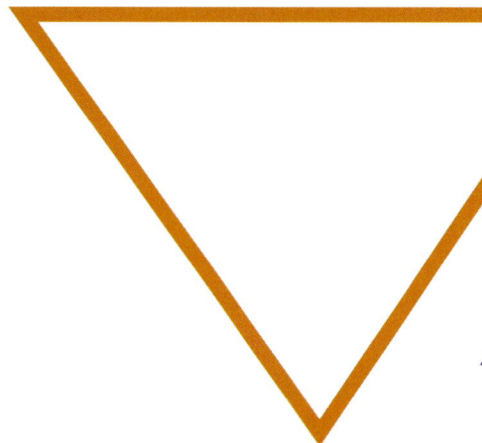

知识点一　CI 概述

一、CI 设计的概念

　　CI，也称 CIS，是英文 Corporate Identity System 的缩写，目前一般译为"企业形象识别系统"。CI 是指企业有意识、有计划地将自己的各种特征主动地向社会公众展示与传播，使公众在市场环境中对其及其他企业有一个标准化、差别化的印象和认识，以便公众更好地识别并留下良好的印象。

　　CI 设计以企业定位或企业经营理念为核心，对包括企业内部管理、对外关系活动、广告宣传以及其他以视觉和音响为手段的宣传活动在内的各个方面，进行组织化、系统化、统一性的综合设计，力求使企业所有方面以一种统一的形态显现于社会大众面前，树立良好的企业形象（图 1-1 ～图 1-3）。

图 1- 1　比利时 **Charleroi** 城市形象设计 / **Pametjenny**

图 1- 2　比利时 **Charleroi** 城市形象设计元素 / **Pametjenny**

图 1- 3　比利时 **Charleroi** 城市形象设计应用 / **Pametjenny**

　　CI 的实施，对企业内部，可使企业的经营管理走向科学化和条理化，趋向符号化，根据市场和企业的发展有目的地制定经营理念，制定一套能够贯彻的管理原则和管理规范，以符号的形式参照执行，可以使企业的生产过程和市场流通流程化，从而降低成本和损耗，有效地提高产品质量；对企业外部，则是利用各种媒体使社会大众大量地接收企业传播信息，从而树立良好的企业形象来提高企业及产品的知名度，强化社会大众对企业形象的记忆，使企业产品更为畅销，为企业带来更好的社会效益和经营效益。

二、CI 设计的历史

　　公元 1700 年前后，欧洲大部分商业单位都有了自己的商标，而商标的历史在中国就更加久远了。现藏于中国国家博物馆的北宋时期山东济南专造细针的刘家针铺"白兔牌"广告，包括企业和产品商标、广告语、服务保证等所有现代广告的基本元素（图 1-4），可以说是目前最早的企业形象之一，但是这些早期的活动，基本是分散的、不系统的，也没有完整科学的设计规律和原则。

1907 年，德国现代设计的重要奠基人彼得·贝伦斯，为德国电气工业公司 AEG 设计出西方最早的完整企业标志和企业形象（图 1-5），这是现代企业形象设计系统化的开端。但是因为德国很快就卷入了第一次世界大战和第二次世界大战，企业忙于生产军火，因而这个设计的探索，连同现代设计的探索和包豪斯设计学院的实验都一同被中断，真正开始重新探索和应用企业总体形象设计是战后的事情了。

1933 年到 1940 年间，英国工业设计协会会长弗兰克·匹克兼任伦敦交通营业集团副总裁，负责伦敦地铁的规划任务。他聘请设计师爱德华·约翰斯顿负责活字印刷体的改良设计，并应用于伦敦地铁的车票、站牌、标志导示系统上，达到易读、易辨的效果（图 1-6）。后来设计师马克奈·哥法等为伦敦地铁设计了系列性的海报，创立了一体化的设计样式。德国设计师格罗佩斯与现代雕塑大师摩尔等前卫艺术家携手设计了纪念碑。伦敦地区的规划与形象设计具备了建筑景观与运输系统统一的设计形态，成为世界最早的实施 CI 设计的典范，也是全世界地铁 CI 设计的典范。

1956 年，美国国际商用机器公司率先引入 CI 设计。设计顾问诺艾斯首先把既长又难以记忆的公司全称"International Business Machines"缩写成 IBM。著名的设计师保罗·兰德将 IBM 设计成八排条纹的具有个性的标准字体（图 1-7），选用象征性的蓝色作为公司的标准色，通过整体设计塑造出一个全新的 IBM 企业形象，使 IBM 成为美国公众信任的蓝色巨人，很快发展成为国际著名的一流企业。欧美企业形象设计战略自创立起，就一直以视觉设计作为沟通企业理念和企业文化的工具。在实际操作上，欧美的企业形象设计侧重视觉部分，强调视觉传达设计的标准化，力求设计要素与传达媒体的统一性，这使得企业标志、标准字体、标准色充分运用在整个企业形象设计中，体现出了企业理念和企业文化的内涵，传达出了企业的整体信息（图 1-8）。

20 世纪 70 年代是日本经济飞速发展的时期，日本的金融业、制造业、零售业率先引入 CI 战略，并根据本土的文化传统创立了以人为中心的设计理念。日本的 PAOS 公司在吸取美国和欧洲企业形象设计风格的基础上，开发出了"设计综合经营战略"（Design Coordination A Management Strategy，DCMS），也称"设计管理"，这是日本第一家 CI 策划公司。1975 年马自达汽车有限公司全面引入 CI，PAOS 公司给马自达汽车有限公司设定蓝色的企业标准色，使马自达汽车有限公司脱颖而出（图 1-9）。马自达汽车有限公司 CI 策划的成功，树立了日本第一个开发企业识别系统的典范，中西元男及其领导的 PAOS 公司奠定了日本型 CI 理论的基石。

与欧美型 CI 相比，日本的 CI 风格侧重企业理念与经营方式，整个 CI 策划是以企业理念为核心开发的，其在注重形式美的同时，从整体的经营取向、文化理念、企业道德、行为规范入手，以鼓舞

图 1-4　济南刘家功夫针铺的白兔商标

图 1-5　德国电气工业公司 AEG 标志设计 / 贝伦斯

图 1-6　伦敦地铁标志设计 / 约翰斯顿

图 1-7　IBM 标志 / 保罗·兰德

图 1-8　可口可乐标志 / l&M 公司

士气、带动生产为目标，以优质产品、优质服务和有利于大众的社会活动为宣传重点，使消费者对企业产生信赖和好感，促进购买行为，从而使企业发展壮大（图1-10）。

  CI在20世纪80年代初传入我国，伴随着中国改革开放的大潮，同我国经济突飞猛进的发展共同成长，CI在中国是从设计界和教育界发端的，最初是以理论的形式，作为美术院校的教材引进的。一批年轻的设计师走向社会，开始CI实践，策划实施了"太阳神"等一批成功的案例（图1-11），立即引起企业界、新闻界、设计界的关注，从而掀开中国CI设计的第一页。

图1-9 马自达汽车有限公司
标志/PAOS公司

图1-10 大荣百货标志/
PAOS公司

图1-11 太阳神标志/
梁斌、潘殿伟

知识点二 CI 的构成

  CI一般分为三个方面，即企业的理念识别——Mind Identity（MI）、行为识别——Behavior Identity (BI) 和视觉识别——Visual Identity（VI）。企业理念是指企业在长期生产经营过程中所形成的企业共同认可和遵守的价值准则与文化观念，以及由企业价值准则和文化观念决定的企业经营方向、经营思想和经营战略目标，企业理念识别是代表企业理念的团体精神和行为规范。企业行为识别是企业理念的行为表现，包括在理念指导下的企业员工对内和对外的各种行为，以及企业的各种生产经营行为，企业行为识别是企业处理和协调人、事、物的动态运行系统。企业视觉识别是企业理念的视觉化，通过企业形象广告、标识、商标、品牌、产品包装、企业内部环境布局和厂容厂貌等媒体及方式向大众表现、传达企业理念。CI的核心目的是通过企业行为识别和企业视觉识别传达企业理念，树立企业形象。

  CI中最核心的是MI，它是整个CI的最高决策层，给整个系统奠定了理论基础和行为准则，并通过BI、VI表达出来。BI直接反映企业理念的个性，包括对内的组织管理和教育，对外的公共关系、促销活动、资助社会的文化活动等。所有的行为活动与视觉设计都是围绕着MI这个中心展开的，成功的BI与VI就是将企业富有个性的精神准确地表达出来。未来的企业竞争不仅仅是产品品质、品种之战，更重要的还是企业形象之战，因此，塑造企业形象便逐渐成为有长远眼光企业的长期战略。

  MI在CI中是最为重要的一个部分，是主导整个CI设计的关键所在，作为企业文化的主体，它是CI设计的源头。一个企业的文化核心就是MI，它是企业文化和精神的凝聚。它不仅是设计师的工作，还是企业文化建设者的重要工作。

  BI是CI的动态识别形式，它的核心在于CI理念的推行，具体来说，就是将企业内部组织机构与员工的行为视为一种理念传播的符号，通过这些动态的因素传达企业的理念、塑造企业的形象。BI规范化管理是CI导入过程中关键的环节，同时也是最难把握的一环。因此，BI系统的顺利实施，需要有效的管理手段作为保证。

  VI在CI系统中最具有传播力和感染力，最容易被社会大众所接受，具有主导的地位。VI是将企业标志的基本要素，以强力方针及管理系统有效地展开，形成企业固有的视觉形象，并通过视觉符号的统一化设计来传达精神与经营理念，有效地推广企业及其产品的知名度和形象。因此，VI 的根本目的是将 CI 的基本精神充分地体现出来，使企业产品品牌化，同时对推动产品进入市场起着直接的作用。VI 从视觉上表现了企业的经营理念和精神文化，从而形成独特的企业形象。

在 CI 系统的整个构成中，MI 是核心部分，是精神实质，是根基，能够为 CI 汲取营养，是指导 CI 方向的依托；BI 是企业规定对内及对外的行为标准，是企业形象的载体，是传递 CI 的媒介物，是架在 MI 与 VI 之间的桥梁；VI 设计是外在的具体形式和体现，是最直观的部分，它以形式感染人，是人们最容易注意到，并形成形象记忆的部分（图 1-12）。如果用一棵树来形容 CI，MI 就是树根，BI 就是树枝、树干，而 VI 则是树叶、花朵。

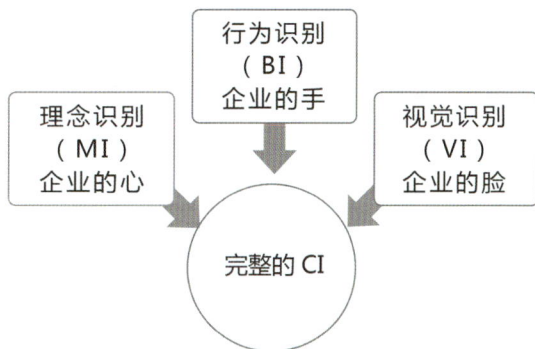

图 1- 12　CI 系统图解

知识点三 ● VI 设计的原则

VI 设计是一项科学性、艺术性较强的工作，设计时必须充分考虑它在企业 CI 整体系统中的独特地位与作用，明确设计的基本要求和原则。

一、蕴含 MI 原则

VI 设计要充分体现、反映 MI 的内涵。VI 设计不是机械的符号操作，而是将 MI 的非可视内容转化为视觉识别符号。VI 设计除了遵循美学原理外，还需注重企业和活动的理念、文化。脱离企业和活动的理念文化，根本不存在 VI 设计，或者只是缺乏内涵的图解。因此，在整个 VI 设计过程中，必须充分反映和传达 MI 的原则。图 1-13 ~ 图 1-16 所示是 2018 年英联邦运动会的 VI 视觉设计，该设计采用了黄金海岸的一些标志性建筑以及三个运动员的形象来传播英联邦运动会的地域特色和运动员的拼搏精神。设计过程中不能对 MI 进行逐字逐句的说明，而是通过图形、色彩、文字等，从多角度、全方位传达 MI 的内涵。

图 1- 13　2018 年英联邦运动会会徽 /Witekite 工作室

图 1- 14　2018 年英联邦运动会应用设计（1）/Witekite 工作室

图 1- 15　2018 年英联邦运动会应用设计（2）/Witekite 工作室

图 1- 16　2018 年英联邦运动会应用设计（3）/Witekite 工作室

二、统一性原则

为了达成企业和机构形象对外传播的一致性与一贯性，就应遵循统一设计和统一大众传播的原则，即对企业和机构识别的各种要素（从企业和机构理念到视觉要素）予以标准化，采用统一的规范设计，对外传播均采用统一的模式。图 1-17 ~ 图 1-20 所示是威廉·莫里斯学会的 VI 视觉设计，该设计就采用了统一性的原则进行全方位的传播，使社会大众对该机构的形象有一个统一完整的认识，从而增强了威廉·莫里斯学会的形象传播力。

图 1- 17　威廉·莫里斯学会标志 /
Pentagram 设计公司

图 1- 18　威廉·莫里斯学会应用设计（1）/
Pentagram 设计公司

图 1- 19　威廉·莫里斯学会应用设计（2）/
Pentagram 设计公司

图 1- 20　威廉·莫里斯学会应用设计（3）/
Pentagram 设计公司

三、通用性原则

VI 设计导入必须具有良好的通用性、适合性。要将企业的基本视觉要素进行有效控制，制定明确的规范形式。如标志不会因缩小、放大产生视觉上的偏差，线条之间的比例必须适度，如果太密，缩小后就会混为一片，要保证大到户外广告，小到名片，均有良好的识别效果。通用性原则要求必须制定详细的使用说明、注意事项、尺寸规定及组合适用的媒体范围，力求系统的标准化。

四、 差异性原则

企业形象为了能获得社会大众的认同，必须是个性化的、与众不同的，因此，差异性的原则十分重要。首先，差异性表现在不同行业的区分上，因为，在社会大众心目中，不同行业的企业与机构均有其行业的形象特征，如化妆品企业与机械工业企业的企业形象特征应是截然不同的。在设计时必须突出行业特点，才能使其与其他行业有不同的形象特征，有利于识别认同。其次，必须突出与同行业其他企业的差别，才能独具风采，脱颖而出。日本享誉世界的五大名牌电器企业：索尼、松下、东芝、三洋、日立，其企业形象均别具一格，十分个性化，从而有效地获得了消费大众的认同。

五、 实施性原则

为了使 VI 设计计划能有效地推行应用，应考虑设计产品在实际使用中的可能性与可行性。如果在实施上遇到麻烦，或因为成本昂贵而影响实施，再优秀的 VI 设计也会因为难于落实而成为空中楼阁。因此，实施性原则要求必须根据企业自身的情况、企业的市场营销地位以及所处的文化氛围，适当"量体裁衣"，制定 VI 设计计划。

六、 符合商标法、广告法的原则

VI 设计要符合《中华人民共和国商标法》《中华人民共和国广告法》相关规定。

知识点四 ● VI 设计的基本程序

一、 前期准备

当确定设计委托关系后，即可成立 VI 设计小组，然后理解消化 MI，确定贯穿 VI 的基本形式，搜集相关信息，以利于比较。VI 设计的准备工作要从成立专门的工作小组开始，这一小组由各具所长的人员组成。人数不在于多，而在于精，要重实效。一般来说，领导人员应由企业的高层主要负责人担任，因为高层主要负责人比一般的管理人员和设计人员对企业自身情况了解得更为透彻，宏观把握能力更强。其他成员主要是各专门行业的人员，以美工人员为主体，以行销人员、市场调研人员为辅。如果条件许可，还可邀请美学、心理学等学科的专业人士参与部分设计工作。

二、 设计开发

设计开发阶段分为基本要素设计和应用要素设计两个阶段。VI 设计小组成立后，首先要充分地理解、消化企业的经营理念，把 MI 的精神吃透，结合实际调研的情况，寻找与 VI 的结合点。这一工作有赖于 VI 设计人员与企业之间的充分沟通。在各项准备工作就绪之后，VI 设计小组即可进入具体的设计阶段。图 1-21～图 1-23 所示是美国电视中心 VI 视觉设计，该设计就是先确立标志和核心要素，再将核心要素延展到办公用品和媒体设计等应用要素中去，整个设计阶段都遵循了 VI 设计的基本原则。

图 1-21 美国电视中心 标志设计 / Gretel

图 1-22 美国电视中心应用设计（1）/ Gretel

图 1-23 美国电视中心应用设计（2）/ Gretel

三、反馈修正

在 VI 设计基本定型后，还要进行较大范围的视觉测试，以便通过一定数量、不同层次的测试对象的信息反馈来检验 VI 设计的各个部分。

四、编制 VI 手册

编制 VI 手册是 VI 设计的最后阶段。具体参见第二篇任务六。

知识点五　VI 设计的主要内容

一、核心系统

核心系统的设计包含以下内容：
（1）标志（图 1-24～图 1-26）。
（2）标准字体（图 1-27、图 1-28）。
（3）标准色和辅助色（图 1-29）。
（4）标志和标准字组合。
（5）辅助图形。
（6）吉祥物。

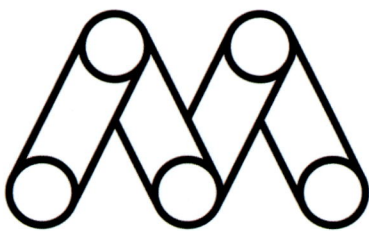

图 1-24　莫霍克纸业公司标志设计 / Michael Bierut

图 1-25　莫霍克纸业公司基础设计（1）/ Michael Bierut

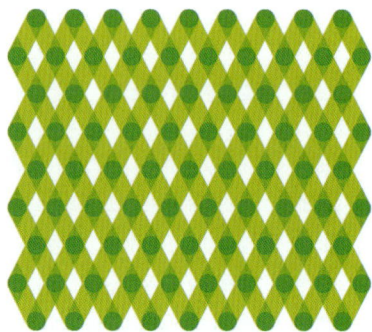

图 1-26　莫霍克纸业公司基础设计（2）/ Michael Bierut

Sentinel
ABCDEFGHIJKLM
NOPQRSTUVWXYZ
0123456789
abcdefghijklmnopqrstuvwxyz
abcdefghijklmnopqrstuvwxyz

Charming &
Complimentary

图 1-27　莫霍克纸业公司基础
设计（3）/Michael Bierut

CHALET
NEW YORK NINETEEN EIGHTY
ABCDEFGHIJKLMNOPQRSTUVWXYZ
0123456789

**SMART,
FRIENDLY,
FAST.**

图 1-28　莫霍克纸业公司基础设计（4）/ Michael Bierut

图 1-29　莫霍克纸业公司基础设计（5）/ Michael Bierut

二、 应用系统

应用系统的设计包含以下内容：

（1）办公用品类：名片、信纸、信封、便笺、工作证、请柬、文件夹、介绍信、备忘录、表单、账票、薪金袋、合同书、资料袋等（图1-30、图1-31）。

（2）包装产品类：外包装箱、包装盒、包装纸、包装袋、专用包装（是指特定的礼品用、活动事件用、宣传用的包装）、容器包装、手提袋、封口胶带、包装贴纸、包装用绳、产品外观、产品吊牌等。

图1- 30 莫霍克纸业公司应用 设计（1）/Michael Bierut

图1- 31 莫霍克纸业公司应用 设计（2）/Michael Bierut

（3）员工制服类：行政职员制服、服务职员制服、生产职员制服、店面职员制服、警卫职员制服、后勤职员制服、工作帽、领带、领带夹、领巾、衣扣、手套、皮带、鞋、袜等。

（4）媒体传播类：电视广告、报纸广告、杂志广告、网络广告、手机广告、路牌广告、促销POP、DM广告等。

（5）公务礼品类：T恤衫、领带、领带夹、打火机、钥匙牌、雨伞、纪念章、礼品袋等。

（6）环境导示类：内部各部门导示牌、常用导示牌、楼层导示牌、形象导示牌、公共导示牌、路标导示牌等。

（7）交通运输类：小轿车、面包车、公共汽车、货车、展销车、移动店铺、轮船、飞机等。

（8）展示会场类：展示会场设计、橱窗设计、商品展示架、展示台、展板设计、专卖店设计。

知识点六 CI 导入时机

企业导入CI应有一个科学的态度，而每个企业在导入CI时，都有某一良好的具体时机。当企业处于以下阶段，如实施国际化品牌战略、新品牌成立或合并、企业周年纪念、新产品上市、经营出现危机、扩大经营范围、公司上市等时，导入CI就会给企业带来一定的效益。具体而言，企业导入CI的具体时机有以下几种：

一、实施国际化品牌战略

随着全球经济一体化进程的加快，企业要发展、壮大，就必须打开国际市场，实施国际化战略。为了树立品牌的国际形象，让一些国外市场的消费者能迅速了解、记住并接受本品牌的形象和产品，必须导入新的CI形象。图1-32~图1-35所示是香港维多利亚港为了树立国际优良港口形象，实施国际化港口品牌战略，由罗晓腾设计导入了维多利亚港新形象，用于与香港海滨有关的活动海报和纪念品等宣传物品上，以推广维多利亚港品牌在国际上的形象。

图1-32　香港维多利亚港标志设计/罗晓腾

图1-33　香港维多利亚港基础设计/罗晓腾

图1-34　香港维多利亚港应用设计（1）/罗晓腾

图1-35　香港维多利亚港应用设计（2）/罗晓腾

二、新品牌成立或合并

新品牌成立之际，由于没有传统的束缚，可以设立理想的经营理念与视觉识别系统，同时，可从头开始并较快建立起行为识别系统，所以新品牌成立时是导入CI的最佳时机。通过实施品牌形象策划战略，以独特、系统的识别系统将品牌形象传达给公众，可收到先声夺人的效果。

而品牌合并、联营、集团化以后，经营的范围、规模以及项目均较以前的品牌有所不同，特别是几家公司合并成企业集团后，如果品牌理念、标志不统一，就会给公众造成识别的障碍。在此时导入CI，可使公众对品牌的印象变得清晰，进而达到树立全新形象的目的。

三、企业周年纪念

国外许多企业都在企业周年纪念时导入CI。企业周年纪念是对企业成长的一种肯定，也是企业具有自信心的表现。选择在企业周年纪念时导入CI，可能有不同的动机。不论企业出于何种动机，在企业周年发布CI计划，可消除公众对企业的刻板印象，给人以新颖别致之感，同时可唤起人们对企业所做贡献的美好回忆，显示企业目前的实力与发展前景，提高企业员工的自豪感和荣誉感。图1-36~图1-39所示是Tender Green绿色餐厅在创业周年纪念时，导入了CI战略，并推出了各种庆典活动，此时会引起媒体和公众的关注，从而扩大企业的社会影响和知名度。

四、新产品上市

企业成功开发出新产品，是导入CI的良好时机。由于新产品通常是创新的表现，而创新又是最易被公众关注的，所以在新产品上市时导入CI战略，既可收到产品促销的效果，又可塑造企业的形象。如图 1-40 ~ 图 1-43 所示，面粉和言面包房品牌就是在推出有机天然原料的产品时导入 CI 战略的，面粉颗粒和盐晶体这两个元素通过一个循环"和"连接在一起的视觉形象，突出了烘焙食品及其成分的纯度和真实性，塑造了企业的新形象。

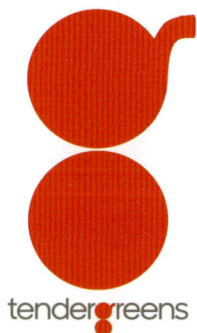

图 1- 36　Tender Green 绿色餐厅标志设计 / Pentagram

图 1- 37　Tender Green 绿色餐厅基础设计 / Pentagram

图 1- 38　Tender Green 绿色餐厅应用设计（1）/ Pentagram

图 1- 39　Tender Green 绿色餐厅应用设计（2）/ Tentagram

图 1- 40　面粉和言面包房标志设计 / Melodie Yashar

图 1- 41　面粉和言面包房应用设计（1）/ Melodie Yashar

图 1- 42　面粉和言面包房应用设计（2）/ Melodie Yashar

图 1- 43　面粉和言面包房应用设计（3）/ Melodie Yashar

五、 企业经营出现危机，需消除负面影响

企业面临经营不善的危机及停滞不前时，除了进行彻底的改组外，还可导入 CI 战略，以提高企业活力和竞争力，消除在公众中的消极影响。日本的松屋百货公司、意大利的蒙特爱迪生公司等都是在企业发生经营危机时导入 CI 的。

六、 企业扩大经营范围，朝多元化方向发展

随着时代的变迁，企业本身也在不断成长、变化，朝多元化的经营目标迈进。由于企业经营内容多元化，企业生产的主要商品的比重发生变化，往往使原有的企业标志、名称、经营理念等发生与生产性质、内容不符的情况。因此，此时导入 CI，可以改变公众对企业的原有理解和印象，因为只有建立符合企业实际情况和未来发展趋势的形象识别系统，才能统一新开发产品与企业的关系。

七、公司上市

股份制企业发行股票，成为上市公司时，配合募股，导入 CI，可提高股票交易价格。

此外，在企业高层领导更换及组织结构发生重大改变时，在旧有的制度系统不再符合新的经营方向而需改变时，都是企业导入 CI 的良好时机。

总之，企业导入 CI 的模式和导入 CI 的企业的表现可以概括如下：

（1）预备性 CI 导入模式——对于新建企业。

（2）扩张性 CI 导入模式——企业成长过程。

（3）拯救性 CI 导入模式——企业重塑形象。

第二篇
实训篇

任务一 客户沟通与调研

训练目的

通过本任务的训练，使学生对 VI 设计有相对全面的了解，初步掌握专业层面的沟通和调研技巧。

训练重点

掌握客户沟通技巧与方法。

训练难点

训练客户沟通技巧。

训练内容

1. 客户访谈与调查：对客户方管理层进行个人意见访谈，并进行实地调查，掌握第一手资料。

2. 通过各种渠道，了解企业的实际需求，为品牌诊断与分析做准备。

3. 通过资料收集，获得市场环境、行业趋势、行业品牌优劣势、同业品牌产品策略、视觉设计等方面的资料。

4. 对目标消费者进行调查，了解消费者特点和日常行为、心理习惯。

基础知识

良好的直接沟通是设计成功的关键，在沟通过程中，重点是仔细分辨客户的关键描述，避免设计的盲从。

一、客户沟通

1. 了解客户

在进行 VI 设计前，首先要了解客户在想什么，与客户进行沟通，仔细聆听客户所说的每一句话是非常重要的一个环节。在此过程中，要明确设计需求与期望。客户沟通是设计的基础，缺少良好沟通，没有良好的客户印象，在以后的 VI 设计推进环节就会障碍重重。不良沟通所导致的问题有：抱怨客户的非专业意见、无理由修改设计、指手画脚、打乱工作计划等。良好沟通可避免一些优秀的设计方案被客户忽略、好设计被修改得面目全非，或好方案未被选中而平庸方案胜出的无奈。

2. 明确设计需求

　　VI 设计人员经常要面对不同行业的不同客户，而客户的实际情况又千差万别，他们也许并不清楚自己的品牌形象问题，也不一定拥有设计的选择与判断力，甚至或多或少带有设计需求的盲目性。这时和客户沟通显得尤为重要，一定要和对方的项目负责人（企业、品牌的管理层）面对面沟通交流，力求确定基本的设计需求、项目安排。如图 2-1~ 图 2-8 所示，在俄罗斯 Mikhailov & Partners 公关策略顾问公司的 VI 视觉设计项目中，客户提出要设计出代表智慧、实力、成功、自信、承诺、发展的企业形象。经过沟通，VI 设计公司提出用黄色、橙色、蓝色、紫色和淡粉色五种颜色进行结合，基于一个六边形可灵活变化出六种不同的图案来代表智慧、实力、成功、自信、承诺、发展的核心概念，并对视觉系统的整体设计风格给出定位和设计框架，这一方案得到客户的认同。

　　沟通过程中，一定要将具体文件呈现给所有的参与人员，可利用时间节点结合备忘录的文件方式将信息传达给参与者，让每个人都清楚地了解项目的内容与进展。沟通前要有沟通大纲，明确涉及内容及人员，并及时告知对方；沟通后要有备忘录，以明确参与者的共识。绝对不能仅仅以口头的方式表达，否则很多人都无法真正进入工作状态，甚至会出现对问题前后矛盾的理解。除了面对面的沟通外，一些常用的手段，如电子邮件、微信、QQ、电话等，也非常便捷。可根据项目具体需要，制定日常沟通办法。

　　明确设计需求的同时，要鼓励设计师保持开放的良好心态，把 VI 设计项目需求与设计个性相协调。因为项目需求特点绝对不等同于设计师的个性，理解体会项目、创造有价值的视觉解决方案比固执地坚持个性要重要得多。坚持设计真理与保持良好的客户关系同样重要，这样才能摆脱设计与项目经营之间说不清的烦恼。

图 2-1　俄罗斯 Mikhailov & Partners 公关策略
　　　　顾问公司（1）/IVR

图 2-2　俄罗斯 Mikhailov & Partners 公关策略
　　　　顾问公司（2）/IVR

图 2-3 俄罗斯 Mikhailov & Partners 公关策略
顾问公司（3）/IVR

图 2-4 俄罗斯 Mikhailov & Partners 公关策略
顾问公司（4）/IVR

图 2-5 俄罗斯 Mikhailov & Partners 公关策略
顾问公司（5）/IVR

图 2-6 俄罗斯 Mikhailov & Partners 公关策略
顾问公司（6）/IVR

图 2-7 俄罗斯 Mikhailov & Partners 公关策略
顾问公司（7）/IVR

图 2-8 俄罗斯 Mikhailov & Partners 公关策略
顾问公司（8）/IVR

3. 灌输 VI 知识

沟通的过程中，一个重要的工作必不可少——灌输品牌 VI 设计知识。不了解专业知识的客户当然不清楚 VI 设计的真正价值，有些客户只知道如果 VI 设计形象落伍，就换个新标志，他们不了解塑造一个新的 VI 设计形象的代价。

VI 设计是牵涉整个形象元素系统、风格、应用系统、媒介的整体设计。整体设计对品牌有深刻的影响，是根植于品牌形象的系统工作。对客户普及设计的专业知识、设计的价值体现、基本设计程序、设计的系统架构、导入步骤等，可以让客户了解设计工作的重要性，积极参与设计的进程，推动设计工作顺利开展，而这些正是形成优秀设计的必要前提。

二、市场调研

在进行设计之前，应对与委托者有关的各类信息进行彻底的调查，调查的内容包括商品的本质特征、商品拥有者的经营现状与发展方向、消费市场环境、同类商品资料以及消费者对商品的现有印象与需求等。要在全面调查、掌握商品资料的基础上，进行整理与分析，建立客观评价，以便将信息化的抽象含义顺利转换成系统化的视觉形象。

1. 市场环境调查

市场环境调查是指对影响企业生产经营活动的外部因素所进行的调查。它是从宏观上调查和把握企业运营的外部影响因素及产品的销售条件等。对企业而言，市场环境调查的内容基本上属于不可控制的因素，包括政治、经济、社会文化、技术、法律和竞争等，它们对所有企业的生产和经营都会产生巨大的影响。因此，每一个企业都必须对主要的环境因素及其发展趋势进行深入细致的调查研究。

市场环境的变化，既可以给企业带来市场机会，也可能形成某种威胁。因此，对市场环境的调查，是企业开展经营活动的前提。市场环境调查包括政治法律环境调查、经济技术环境调查、文化环境调查、自然地理环境调查等。法律环境调查的要求是对企业中英文名称、图形注册进行查询确认。企业文化环境调查的要求是对产品使用对象的意识形态、审美水平、接受程度及视觉偏好度有所了解。地理环境调查的要求是对产品销售地区的地域风土人情和文化禁忌有所了解。

2. 竞争对手调查

竞争对手调查是指系统性地对竞争对手进行调查和分析。例如，在这个市场内，客户处于市场的位置、目前品牌的等级、谁是行业领导品牌（标杆企业）、哪些是传奇品牌、哪些是时尚品牌、哪些是竞争品牌等，对竞争品牌分析研究，找出差异点，寻求突破点。

在同一市场中，同类企业数量的多少，决定了竞争强度的强弱。对竞争对手调查的目的是认识市场状况和市场竞争强度，进而根据本企业的优势，制定正确的竞争策略。只有通过竞争环境调查，对客户国内外同行和竞争对手的信息、项目进行收集，获取其形象资料，分析和总结出他们的优缺点和特点，才能避免雷同的创意，并从一个独特的角度展现出企业独特的气质。

3. 消费者调查

消费者调查主要是指对消费者的数量、分布状况、购买动机、购买习惯、消费需求、消费心理、爱好、行为以及与此相关的消费者的年龄、性别、文化程度、家庭状况、种族、国籍、宗教信仰等情况所进行的调查研究。消费调查是 CI 系统设计的依据。

通过对消费者调查，可以分析出消费者为何购买、由谁购买，以及购买产品的时间、地点、方式和购买频率；可以分析出消费者的购买能力、消费习惯、爱好和对产品的各种希望要求，购买后的使用情况和使用后的评价等，并可以进一步分析出消费构成、消费投向及其变化规律。

调研需要深度洞察消费者。很多时候只有和客户沟通过才知道这些问题。要通过调研寻找消费者心理上还存在什么空白点，对品牌而言，也就是还有什么新的品牌定位机会，需要通过对消费者心理的挖掘找到品牌独一无二的定位机会。

拓展知识

品牌设计在品牌中的重要性

品牌是消费者对公司、产品的记忆。商标形成了一定的影响力，就变成了品牌；如果被绝大多数消费者认同，那就是名牌了。而消费者记忆品牌的多少，就是品牌市场价值的多少。

"品牌"或"字号"是企业沿用的名字，到工商局登记以后就变成了商标。中国从 1904 年开始就有了商标制度，虽然至今已经有 100 多年了，但在计划经济时期基本是没有商标概念的。一项统计结果显示，中国曾经辉煌的老字号正在以每年 5% 的速率消亡，全国约有 70% 的老字号已经完成了其整个生命历程。剩下的老字号中，还有将近一半面临着严重的生存危机。众多老字号走向衰亡的根本原因，就是没有及早发现品牌的神奇作用。在几千年重农轻商思想和制度的双重桎梏下，历史上先后诞生的成千上万家中华老字号，是渴望财富的中国人留下的生存印记。然而，在改革开放第一次将渴求财富提升为社会主流诉求后，这些曾经风光无限的老字号反而相继走向了衰亡。是全新的市场经济打破了它们传承链条中的血缘关系，令这些老字号的发展失去了方向。一个企业只有依靠品牌的魔杖，才能使生产能力得到迅速的增长，并形成不可复制的独特性。

品牌对于企业而言就是一切。拥有品牌，就拥有了优越的生存权、发展权，也就拥有了市场，没有比品牌更具有持久性的经营单位。事实上，大到民族、国家，小到企业、个人，无不在自觉地构建品牌——这是人类生存法则的要求。品牌无所不在，虽然有时候这种品牌意识是自发的、缓慢的。

品牌形象按构成要素，可分为内在形象和外在形象：内在形象主要包括产品形象及文化形象；外在形象则包括品牌标识系统形象与品牌在市场、消费者中表现的信誉。

产品形象是品牌形象的基础，它和品牌的功能性特征有关。潜在消费者对品牌的认知首先是通过对其产品功能的认知来实现的。品牌不是抽象的概念，而是能满足消费者的物质需求或心理需求的具体形象，这种满足和其产品息息相关。例如，奔驰牌轿车豪华高贵的品牌形象首先来自其安全、舒适、质量一流的轿车。当潜在消费者对产品评价很高，产生较强的信赖时，他们会把这种信赖转移到抽象的品牌上，对其品牌产生较高的评价，从而形成良好的品牌形象。

品牌文化形象是指社会公众、用户对品牌所体现的品牌文化或企业整体文化的认知和评价。企业文化是企业经营理念、价值观、道德规范、行为准则等企业行为的集中体现，也是一个企业精神风貌的体现，对其消费者群体和员工产生着潜移默化的熏陶作用。品牌文化和企业的环境形象、员工形象、企业家形象等一起构成完整的企业文化。品牌背后是文化，每个成功品牌的背后都有其深厚的文化土壤，都有一个传达真善美的故事。

品牌标识系统形象是指消费者及社会公众对品牌标识系统的认知与评价。品牌标识系统包括品牌名、商标图案、标准字体、标准色以及包装装潢等产品和品牌的外观（图 2-9~ 图 2-13）。社会公众对品牌的最初评价来自其视觉形象，例如，是精致的还是粗糙的、是温暖明朗的还是高贵神秘的。通过品牌标识系统把品牌形象传递给消费者是最直接和快速的途径。尤其是在现代社会，产品极大丰富，新产品的推出也令人目不暇接，一个品牌只有先抓住消费者的视线，才可能进一步抓住他们的钱包和心。走入商场即可发现，琳琅满目的商品及其色彩各异、图案引人注目的外观是销售的关键，不讲究品牌外观形象的时代已经过去了。

品牌信誉是指消费者及社会公众对一个品牌信任度的认知和评价，其实质源于产品的信誉。品牌信誉的建立需要企业各方面的共同努力，产品、服务、技术一样都不能少。例如，奔驰车的消费者在购车一个月后撞坏了车上的一个零件，奔驰公司重新为其更换了零件并分文不收，他们说："易撞坏的零件不是奔驰车的零件。"是什么让这些名牌企业"小题大做"？答案是品牌信誉。品牌信誉是维护顾客忠诚度的"法宝"，也是品牌维持其魅力的重要武器。

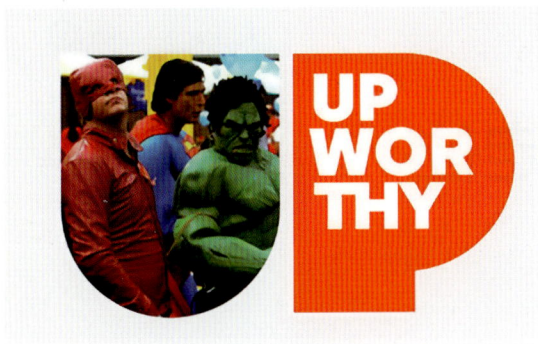

图 2-9　Upworthy 媒体网站 VI 设计（1）/ Pentagram

图 2-10　Upworthy 媒体网站 VI 设计（2）/ Pentagram

图 2-11　Upworthy 媒体网站 VI 设计（3）/ Pentagram

图 2-12　Upworthy 媒体网站 VI 设计（4）/ Pentagram

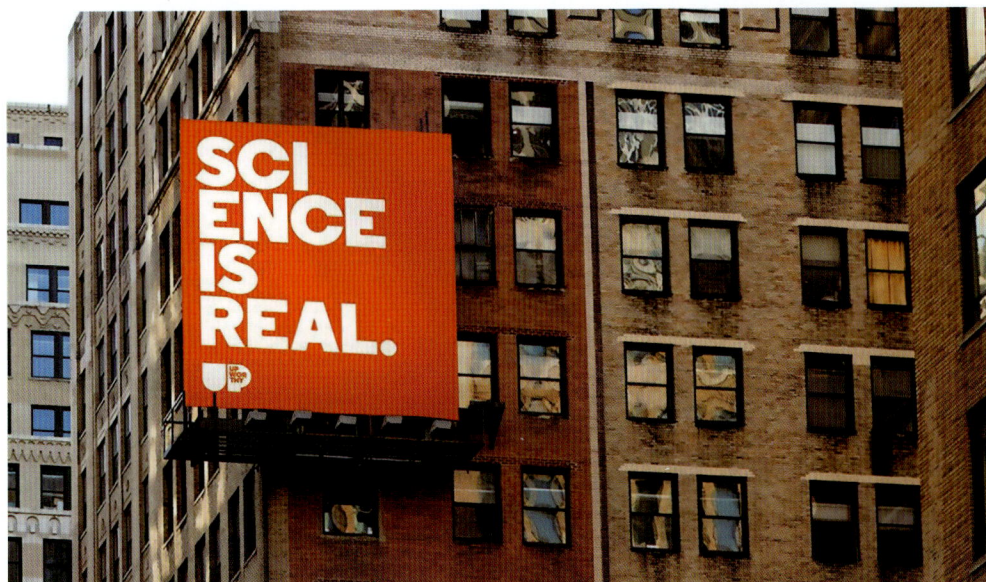

图 2-13　Upworthy 媒体网站 VI 设计（5）/ Pentagram

外部链接

推荐阅读书目：《什么是品牌设计》，作者为马修·赫利，中国青年出版社出版。

任务二 | 资料分析与定位

训练目的

通过大量的资料收集与分析，开拓学生的视野；通过对市场调查资料的整理与分析，找到准确的设计定位与方向。

训练重点

培养资料收集和整理能力、市场调研数据分析能力、VI 设计定位能力。

训练难点

进行调查结果分析与 VI 设计方向定位。

训练内容

1. 资料收集、分类与整理。

2. 对整理后的资料进行类比分析。

3. 通过小组讨论，确定可行性的 VI 设计方向，并以 PPT 的方式汇报客户组。

基础知识

一、资料整理与分析

1. 资料汇总

汇总资料工作所提出的要求是将已经搜集到的，并经过编辑选取出来的大量资料从形态上进行编组或按大类分别集中，使之成为某种可供使用的形式，按问题类型将资料进行分类集中，以备调用。

2.资料分类

资料分类是资料分析工作中必不可少的一部分。每当进行资料分析工作时，无论采用何种程序，总需要在汇总的基础上根据问题对有关调查资料进行分类，以便有针对性地提供情况和说明问题。

3.资料分析

在调查的基础上，应充分利用所取得的资料进行深入的分析，通过分析对企业形象进行定位，以便更好地进行企业 VI 设计（图 2-14）。

（1）企业现状分析。企业现状分析包括企业理念分析、经营状况分析、企业形象分析、企业传播状况分析。

（2）市场环境分析。市场环境分析包括企业市场环境（经济、科技、政治 / 法律、社会 / 文化）分析、行业数据分析、行业发展趋势分析。

（3）竞品分析。竞品分析主要包括竞品现状分析，竞争对手的品牌理念、定位、核心卖点、销售渠道、品牌价格、产品优劣势、视觉表现特点分析。

（4）消费者分析。消费者分析主要包括消费者日常行为习惯分析，消费者心理习惯分析，消费者媒体接触习惯分析，目标消费者的特征、描述及目标消费人群画像。

图 2-14 市场调研分析图解

二、设计定位

在调查结果分析的基础上，准确地进行设计定位能使品牌脱颖而出。在进行设计定位时，应讲求策略与技巧，为设计找寻恰当、合理的位置点，准确捕捉品牌的优势，使品牌的个性突出，从而加强其识别性。通常人们可以从市场定位、消费者定位、价格定位、风格定位这四个角度对设计进行定位。

1.市场定位

市场定位是指确立品牌在市场中的位置。在市场中，品牌一般有四种形象类型。

（1）USP 定位。USP 定位策略的内容是在对产品、目标消费者和竞争者进行研究的基础上，寻找产品特点中最符合消费者需要的，且竞争对手所不具备的最为独特的部分（图 2-15）。例如，美国 M&M 巧克力的"只溶在口，不溶于

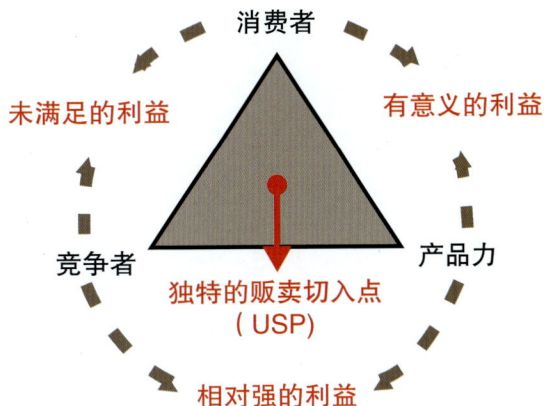

图 2-15 USP 定位图解

手"的定位，乐百氏纯净水的"27层净化"是国内USP定位的经典之作。又如，巴黎欧莱雅的定位是含法国孚日山SPA矿泉水，锁住水分。

（2）首席定位。首席定位即强调自己在同行业或同类产品中的领先地位，或在某一方面有独到的特色，例如百威啤酒的定位是"全世界最大、最有名的美国啤酒"。

（3）利益定位。利益定位就是根据产品或者所能为消费者提供的利益、解决问题的程度来定位。由于消费者能记住的信息是有限的，只对某一利益进行强烈诉求，往往容易产生较深的印象。例如，宝洁的飘柔定位于"柔顺"，海飞丝定位于"去头屑"，潘婷定位于"护发"。

（4）档次定位。按照品牌在消费者心中的价值高低，可将品牌分出不同的档次，如高档、中档和低档，不同档次的品牌带给消费者不同的心理感受和情感体验。常见的是奢侈品牌的定位策略，例如劳力士的"劳力士从未改变世界，只是把那留给戴它的人"、江诗丹顿的"你可以轻易地拥有时间，但无法轻易地拥有江诗丹顿"和派克的"总统用的是派克"的定位。

2. 消费者定位

消费者定位是指对企业潜在的消费群体进行定位。对消费对象的定位也是多方面的，比如根据年龄，有儿童、青年、老年；根据性别，有男人、女人；根据消费层，有高低之分；根据职业，有医生、工人、学生等。消费者定位是指依据消费者的心理与购买动机，寻求其不同的需求并不断给予满足。如图2-16~图2-20所示，Studio Sarna设计的Republic of Patterns服饰品牌形象定位在拒绝平庸的青年消费人群，配色采用宝蓝色和橙色，两种颜色既具有活力，又彰显年轻个性，设计中选用有趣的图案和反对平庸的基调，来彰显年轻人的个性。

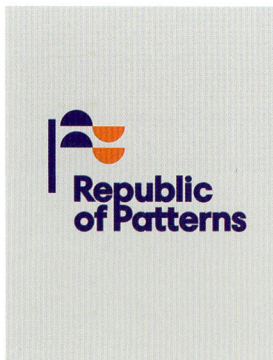

图2-16 Republic of Patterns服饰品牌形象设计（1）/ Studio Sarna

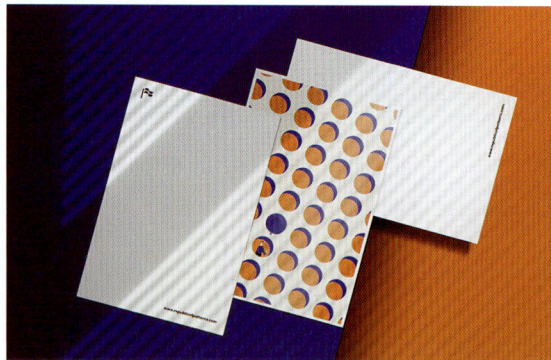

图2-17 Republic of Patterns服饰品牌形象设计（2）/ Studio Sarna

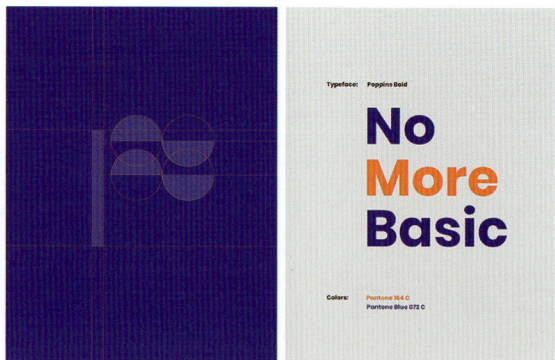

图2-18 Republic of Patterns服饰品牌形象设计（3）/ Studio Sarna

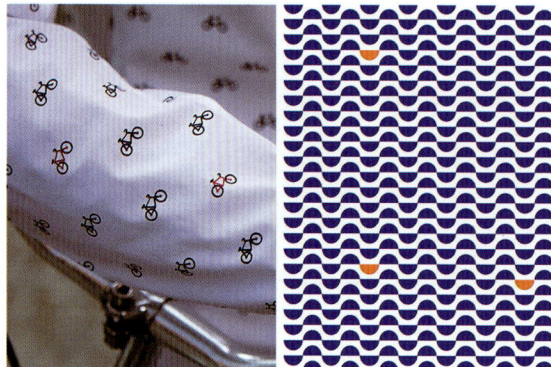

图2-19 Republic of Patterns服饰品牌形象设计（4）/ Studio Sarna

图2-20 Republic of Patterns服饰品牌形象设计（5）/ Studio Sarna

3. 价格定位

所谓价格定位，就是把产品、服务的价格定在一个什么样的水平上，这个水平是与竞争者相比较而言的。价格定位一般有以下三种情况：

一是高价定位，即把不低于竞争者产品质量水平的产品价格定在竞争者产品价格之上。这种定位一般都是借助良好的品牌优势、质量优势和售后服务优势。二是低价定位，即把产品价格定得远远低于竞争者价格。这种定位的产品质量和售后服务并非都不如竞争者，有的可能比竞争者的更好。之所以能采用低价，是由于该企业要么具有绝对的低成本优势，要么是企业形象好、产品销量大，要么是出于抑制竞争对手、树立品牌形象等战略性考虑。三是市场平均价格定位，即把价格定在市场同类产品的平均水平之上。

4. 风格定位

在市场定位、消费者定位和价格定位得到确定后，就需要根据实际情况进行品牌设计风格的定位。

（1）民族风定位。民族风格是一个民族的文化传统、审美心理、审美习惯等在 VI 设计上的体现，是民族气质和精神的表现。企业 VI 设计的民族风格取决于由来已久的历史沉淀和观念的凝练，但是设计的民族风格也受时代风格的影响，所以它也是不断变化的。

（2）科技风定位。这类风格比较适合工业或者科技公司。在进行企业 VI 设计时，将当今高新科技元素引入其中，并讲究现代工业材料和工业加工技术的运用，以期达到工业化及科技化的象征性目的。这样的设计能很好地反映出企业的专业性以及安全性，很容易给人一种可以信任的感觉。

（3）简约风定位。简约化的艺术风格实质上是一种美学上追求极端简单的设计风格。在视觉上，将设计的元素、色彩、光影简化到最少的程度，摒弃一切多余的元素，但对色彩、材料的质感要求很高。因此，简约的设计通常非常含蓄，往往能达到以少胜多、以简胜繁的效果。而对于企业 VI 设计来说，采用这种风格，其结构大都非常简单，却可以营造出一种高贵感。

（4）艺术化定位。该种定位大多针对的是具有一定文艺气息的团体或机构，如文化馆、美术馆、文化交流中心等（图 2-21~ 图 2-27），Logo 设计过程中主要强调艺术性及幽默感。

（5）时尚型定位。这是一种透露着时尚、青春活泼的风格，色彩鲜明，设计具有动感活力，适合价格适中的品牌，面对年轻、时尚的人群。

（6）前卫型定位。这类风格个性鲜明、时尚，适合中高档的品牌，面对年轻、追求与众不同、有个性的人群。

图 2-21 梵·高美术馆标志设计 /
Koeweiden Postma

图 2-22 梵·高美术馆 VI 设计（1）/
Koeweiden Postma

图 2-23 梵·高美术馆 VI 设计（2）/Koeweiden Postma

图 2-24 梵·高美术馆 VI 设计（3）/Koeweiden Postma

图 2-25 梵·高美术馆 VI 设计（4）/Koeweiden Postma

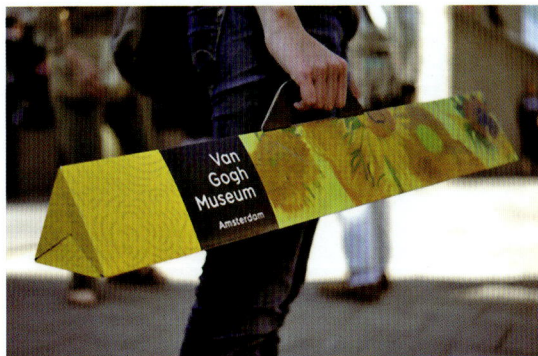

图 2- 26　梵·高美术馆 VI 设计（5）/Koeweiden Postma　图 2- 27　梵·高美术馆 VI 设计（6）/Koeweiden Postma

拓展知识

新定位

韩国 W·钱·金教授和美国勒妮·莫博涅教授合著的《蓝海战略》一书中写道："超越现在需求，这是企业实现价值创新的关键一步。"目前企业有两种常规战略做法：一种是只关注现有顾客，另一种是追求市场细分，满足顾客间的细微差异。通常企业为了增加自己的市场，努力留住和拓展市场中的现有顾客，常常进行更精细的市场细分。由于企业竞相通过市场来满足顾客的偏好，他们开创的目标市场就很少有危险。

为使市场规模最大化，企业不应只把视线集中在顾客身上，还需要关注潜在的顾客，他们不应着眼于顾客差别，而应基于顾客强烈关注的共同点来建立自己的业务项目。要想将蓝海规模最大化，在制定未来战略的时候，企业首先应该超越现有需求去获取潜在顾客及合并细分市场的机会。

作为品牌设计者，人们要关注市场发展趋势及企业的经营变化，既要着眼于企业的现有市场，又要研究潜在顾客。这就是新的品牌定位思路。

外部链接

推荐阅读书目：《定位》，作者为 [美] 艾·里斯、杰克·特劳特，王恩冕、于少蔚译，中国财政经济出版社出版。

今天，定位一词已成为最重要、使用最广泛而频繁的战略术语之一。该书起点似乎是讨论广告传播策略问题，但是定位却很快成为营销战略的理论架构中的一个核心概念，成为整个营销专业知识中最富有价值的战略思想之一；不仅如此，这本书的意义已超出了营销的专业范畴，上升为普遍的成功之道。

定位论对中国许多企业、组织和个人而言，依然是一座有价值的、有待进一步学习挖掘的思想金矿。

任务三 | 标志设计与制作

训练目的

通过本任务的训练，学会提炼设计概念，挖掘视觉设计元素，从不同的角度和方向进行设计创意和表现。

训练重点

标志设计的创意思维方法，标志设计的表现方法，标志设计的色彩定位方法，标志创意的讲解。

训练难点

培养标志设计创意与表现执行能力。

训练内容

1. 从调研报告中提取概念，确定标志设计的方向。

2. 标志设计的创意，以草图形式进行创意标志的绘制。

3. 标志设计执行与表现，以适当的表现手法将标志的创意表现完善。

4. 标志设计 PPT 提案，标志设计评估与修整。

基础知识

一、标志概述

1. 标志的定义

标志是品牌形象核心的部分（英文为 Logo），是生活中人们用来表明某一事物特征的记号。它以单纯、显著、易识别的形象、图形或文字符号为直观语言，除表示、代替特定含义之外，还具有表达意义、情感和指令行动等作用。

　　标志是显著地标明信息的符号。它以精练的形象代表或指称某一事物，表达一定的含义，传达特定的信息。标志可以是图形符号，也可以是文字符号，或者两者都加以运用，都具有直观、直接的信息传达作用。

2. 标志的分类

　　（1）按标志的使用功能分类。

　　①商标：即商业和商用标志，被广泛应用于商业领域。经过登记注册的商品标志，可以达到宣传企业、促销商品的目的。它既是品牌的视觉形象核心，也是商品的无形资产。

　　②企业标志：是为了宣传企业、集团的形象而树立的标志，它代表企业形象并与企业的经营内容和主旨相对应（如银行、通信、医院标志），如图 2-28、图 2-29 所示。

　　③事业标志：是指不以营利为目的的机构所使用的非商业标志，其突出表现团体的性质职能（如学校、公安等标志），如图 2-30 所示。

　　④公共信息标志：是空间环境和建筑中的标志指示，用于传递城市环境规划、交通枢纽等信息，包括路牌、图示、指示导向标志（如交通、安全、环境保护等标志）。

　　⑤节庆活动标志：个别传统节庆活动和大型文体活动均设置专用标志，用于宣传和号召人们积极参加（如香港回归、奥运会的标志），如图 2-31 所示。

　　⑥政府和国际组织机构的标志：象征与突出其个性形象，具有特殊内涵的标志（如国徽、军徽、队徽、红十字会），如图 2-32 所示。

图 2-28　壳牌石油标志 /
雷蒙·罗维

图 2-29　联邦快递标志 /Landor

图 2-30　北京大学标志 /
鲁迅

图 2-31　里约热内卢奥运会会徽 /
巴西 Tátil Design de Ideias

图 2-32　CE 标志

（2）按标志的表现形式分类。

①具象性标志：以人、动物、植物或其他自然物的造型加以简化提炼而设计的标志。其具有形象自然、生动活泼、直观趣味的特点。

②抽象性标志：用抽象的几何图形构成标志，有较强的现代美和形式美。其造型严谨、寓意深刻，可以把无形的事物转化为有形的可表意的形象。

③结合型标志：它结合了具象性和抽象性两种标志设计类型的长处，从而使其表达效果更为突出。

3. 标志的基本功能与设计原则

标志一般由标志图形、名称（字体）、色彩及各种组合方式构成，是显著地标明信息的符号。

（1）标志的基本功能。

① 指示功能：标志可以向接收者传达事物的功能以及表示一种行为方式，具有明显的指令作用。

②识别功能：标志的图形和文字能够突出事物的某种素质，要求接收者特别加以关注。

③象征功能：标志的文字和图形可以是一种事物表现另一种事物，具有精神或非物质性质。

（2）标志的设计原则。

①简洁醒目，易读易记：简洁醒目的识别标志给信息接收者以强烈的视觉冲击力，易读易记更是在纷繁世界中区分信息的基本要求（图2-33）。

图2-33 广州城市形象标志 / 曹雪

②构思巧妙，暗示属性：一个与众不同的标志设计，在设计上应该充分体现企业的内涵，体现品牌的特点，暗示产品的优良属性。

③富蕴内涵，情意浓重：品牌大多都有其独特的含义。有的是地名，有的是一种产品的功能，有的是一个典故。富蕴内涵、情意浓重的标志，能唤起消费者和社会公众美好的联想，从而使其备受青睐（图2-34）。

④避免雷同，超越时空：标志设计雷同是实施品牌形象运营的大忌，因为品牌要树立自己的形象，就要不断提高知名度，超越竞争对手。雷同的标志只会给消费者留下模糊的印象，从而有损品牌自身形象（图2-35）。

图2-34 杭州城市形象标志 /
东道设计

图2-35 洪都拉斯国家旅游形象 /
Gerardo Midence

二、标志构思与创意

1. 标志设计思维

（1）发散思维。发散思维又称扩散思维、辐射思维、开放思维等，是由美国心理学家吉尔福特于 1959 年提出的，他认为"发散思维是从所给的信息中产生信息，从同一来源中产生各式各样为数众多的输出"。发散思维的要求是打破思维定式，破除思维障碍。发散思维的过程是利用关键词，开动大脑做思维发散，把所有能想到的都写下来，如果是团队的话，这时候可以开一个头脑风暴会议。例如，有一个关键词是"建筑"，由此可以联想到楼房、建筑材料、立方体、空间……把它们都写出来，甚至可以画一张草图。

（2）收敛思维。收敛思维是指在解决问题的过程中，尽可能利用已有的知识和经验，把众多的信息和解题的可能性逐步引导到条理化的逻辑序列中去，最终得出一个合乎逻辑规范的结论。收敛思维是培养思维的整合性。

（3）联想思维。联想思维是指在不同事物之间产生联系的一种没有固定思维方向的自由思维活动。联想思维的类型有：①接近联想，是指时间上或空间上接近而引起的不同事物之间的联想。②相似联想，是指由外形、性质、意义上的相似引起的联想。③对比联想，是由事物间完全对立或存在某种差异而引起的联想。其突出的特征就是悖逆性、挑战性、批判性。④因果联想，是指由于两个事物存在因果关系而引起的联想。这种联想往往是双向的，既可以由起因想到结果，也可以由结果想到起因。

总之，设计思维是一种方法论，用于为设计项目提供实用和富有创造性的解决方案。一个视觉形象设计项目，在不同的阶段往往要应用到不同的思维方式，如图 2-36 ~ 图 2-42 所示，希腊 Sifnos 岛视觉形象设计中，在标志构思和草图设计阶段更多的应用到发散思维和联想思维，在标志图形元素提取阶段，则更多的是应用收敛思维。

图 2- 36　希腊 Sifnos 岛视觉设计 / Behance 网站

图 2- 37　希腊 Sifnos 岛标志黑白稿 / Behance 网站

图 2- 38　希腊 Sifnos 岛色彩设计 / Behance 网站

图 2- 39　希腊 Sifnos 岛图形设计 / Behance 网站

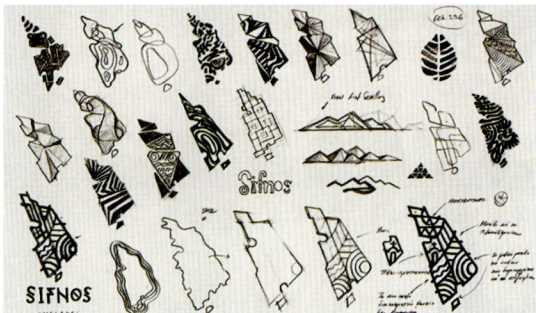

图 2- 40　希腊 Sifnos 岛视觉形象草图设计 / Behance 网站

图 2-41 希腊 Sifnos 岛视觉形象图形设计 /Behance 网站

图 2-42 希腊 Sifnos 岛视觉应用设计 /Behance 网站

2. 标志构思与创意设计

标志构思与创意设计可以从含义、图形、文字、形式、色彩五个方面进行，它们好比一只手的五根手指，各有各的妙用，又相辅相成、自成体系，使标志设计过程明朗化、系统化（图 2-43）。

（1）含义。在设计构思的时候，根据企业的行为特征和核心竞争力，为企业寻找一个恰当的视觉图形符号。根据企业的历史文化信仰环境，采用象征性、比喻性、故事性的符号或视觉载体，使企业抽象的精神与理念表现出来。好的标志设计，能承载企业所力图传达的信息，并使抽象的理念精神形象化、具体化、大众化。

①象征性。象征就是采用视觉图形符号，唤起人们对于某一抽象意义、观念或情绪的记忆。象征性标志，是建立在一个民族特定的文化和宗教基础上的，具有相同的生活环境的人群才能正确理解其象征的意义。象征性标志可以用一种动物，也可以用一个符号，把企业的理想和气质含蓄地表达出来。

②比喻性。比喻就是采用一个或一组视觉符号，表达与之平行的另一层相关含义。比喻建立在两者之间性质或关系的共性之上。比喻性标志需要设计者通过联想来完成整个设计的构思过程。这种图形表达方式，富有趣味性与深刻性，并留有文化艺术的想象空间。

③故事性。故事性就是采用故事中的角色或符号，作为标志设计的元素，借用故事的广泛流传程度，传达企业的理念或行业特征。其特点是顺水推舟，顺势而动。基于大众对故事的认知程度，故事性的方法具有很好的传达效果。

（2）图形。

①具象标志要尽量采用人们熟悉的元素，并在此基础上创造个性成分。人们熟悉的元素能刺激视觉神经，引起共鸣，产生深刻的记忆。在我们周围有很多事物是现成标志，加入通俗元素，可以塑造商品的亲切感，增加商品的个性与差异。

象征性
比喻性
故事性

红色
蓝色
绿色
黄色
品红色
无彩色
色彩与信息

含义出发

色彩出发

图形出发

具象
象形
抽象

文字出发

形式出发

英文标志
中文标志
中英文结合
图形文字结合

点的纯粹
线的敏感
面的多元
空间的现代
肌理照片的后现代
正负形的巧妙
想象的童趣

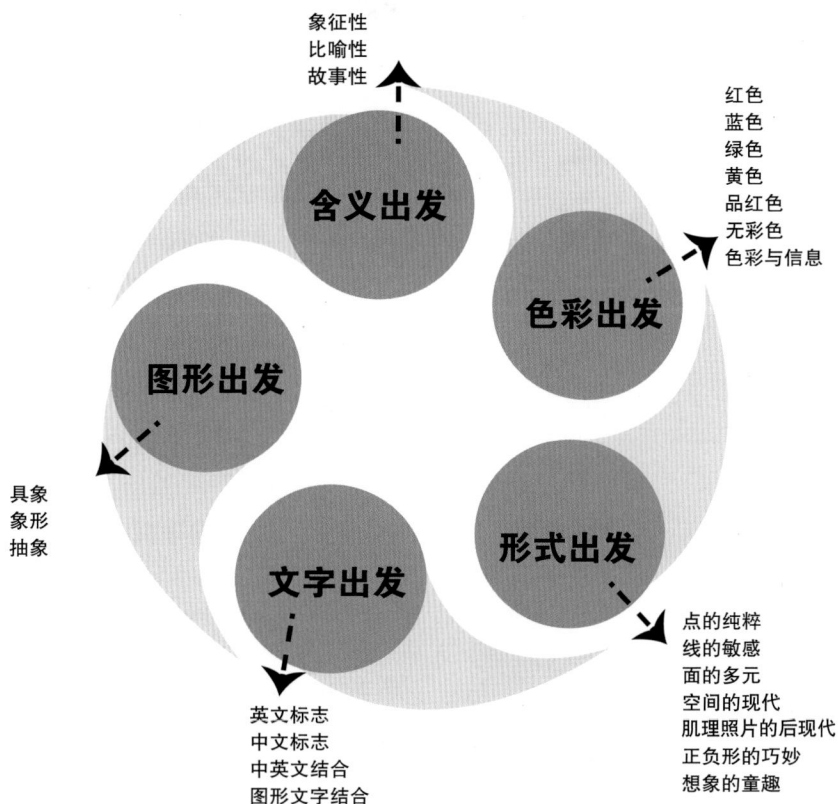

图 2- 43　设计构思五方面

②象形标志是在具象标志的基础上进行简化、提炼特征形态符号得到的，它可以用来传达企业的关键信息（图 2-44～图 2-51）。

③抽象标志是设计者创造的一种图形，它用来表达企业内涵与愿景。

（3）文字。

①英文标志。英文标志相比图形标志的一个优势，就是观看者能"读出"他们所见的。英文标志的特点是传达媒介可以达到一致。因此，国际化大企业一般都采用英文的文字标识（图 2-52～图 2-57）。

②中文标志。现代的中文字体标志逐渐向平面化、个性化发展，同时，中文标志也不断地向中国书法字体、民间装饰字体学习借鉴，发扬汉字的民族之美。

（4）形态。

根据平面设计的形态构成原理，标志设计的表现形式各具特色，如点的纯粹、线的敏感、面的多元、空间的现代、肌理照片的后现代、正负形的巧妙、想象的童趣、个性的追崇。

（5）色彩。

生理学研究表明，色彩往往比图形更具有优势。色彩能传达情感，因此，选择一种合适的颜色，能为标志设计带来颠覆性的变化。颜色的波长不同，色相的不同，都会具有不同的性格情绪。

图 2-44　波兰比得哥什城市形象标志设计 /
Behance 网站

图 2-47　波兰比得哥什城市形象图形设计 /
Behance 网站

图 2-45　波兰比得哥什城市形象创意情绪版（1）/
Behance 网站

图 2-48　波兰比得哥什城市形象文字设计 /
Behance 网站

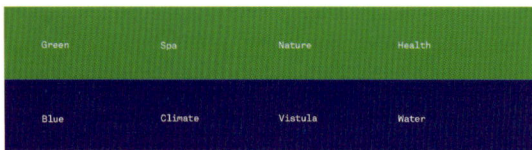

图 2-46　波兰比得哥什城市形象色彩设计 /
Behance 网站

图 2-49　波兰比得哥什城市形象标志网格设计 /
Behance 网站

图 2-50　波兰比得哥什城市形象创意情绪版（2）/Behance 网站

图 2- 52　墨尔本市视觉形象设计（1）/Landor

图 2- 51　波兰比得哥什城市形象应用设计 /
Behance 网站

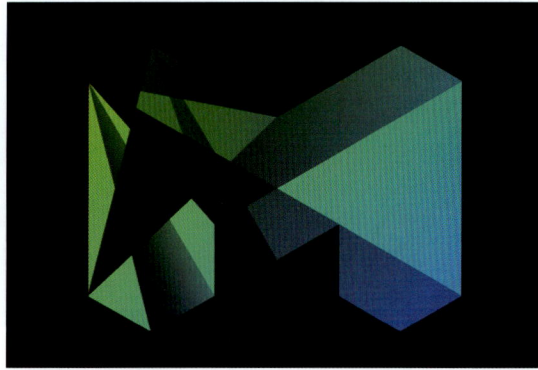

图 2- 53　墨尔本市视觉形象设计（2）/Landor

图 2- 54　墨尔本市视觉形象设计（3）/Landor

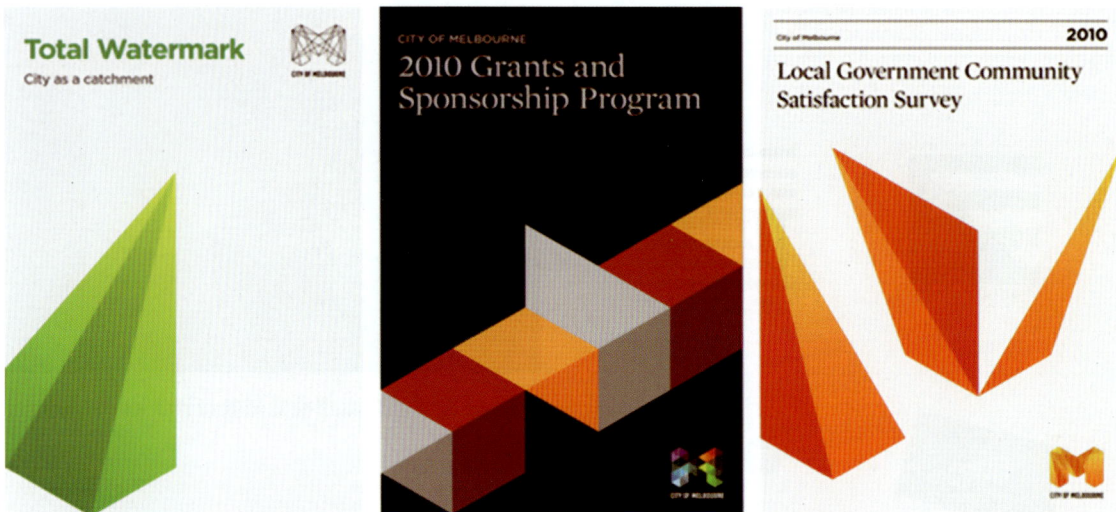

图 2-55 墨尔本市视觉形象设计（4）/Landor

图 2-56 墨尔本市视觉形象设计（5）/Landor

图 2-57 墨尔本市视觉形象设计（6）/Landor

三、标志设计形式与标志色彩

1. 标志设计形式

（1）同构。同构是指利用不同元素之间存在的某些相似性质，按一定的主题进行拼贴，或按某种内在的联系与逻辑进行缝合。同构的本质，是"一对一的映射"，是由物态在形象、意象、隐喻、文脉、表现或其他因素的相似中形成视觉的整合状态，这种相似可以是内容上的、形式上的，也可以是心理上的或经验和认知上的同构。同构又分为共生同构、正负同构和置换同构（图2-58、图2-59）。

图 2- 58　杭州 2022 年第 19 届亚运会会徽 /
袁由敏

图 2- 59　北京 APEC 会议的 Logo 设计 / 东
道设计

（2）渐变。渐变是在基本形的基础上依次
递减或递增，或是从一个基本形缓慢过渡到另一
个基本形。前者是重复的变化（重复是最单纯的
节奏），后者是逻辑的变化。由于这种造型上的
渐变，所以在视觉上便产生出高低错落的节奏。
渐变的方法有外形渐变、方向渐变、大小渐变、
明暗渐变、色彩渐变等。渐变色也可以让 Logo
产生动感、新鲜感，使品牌看起来更年轻，更有
活力（图 2-60）。

图 2- 60　塔尔萨国际机场标志 / Walsh Branding

（3）透叠。透叠类标志在近几年的标志设
计中出现较多，这种方法是通过图形之间的重
叠，制造出透明的视觉效果，使标志产生层次之
间的前后错视效果。这样的标志一般色彩层次丰
富，图形具有穿透的效果，具有极强的现代感
（图 2-61、图 2-62）。

（4）填充。填充是指用一种或多种图形填
充在另一种图形之中的表现手法。这种多图形相
结合的标志可以表达多重含义，使标志的含义更
加深远。在这类标志的设计中，各图形的含义需
符合品牌的特征，图形才能在形或意上达到完美
结合，标志才能完整表达品牌多重思想与主张
（图 2-63）。

图 2- 61　英国 ITV 电视台标志 /
Rudd Studio

（5）错觉。利用错觉图形进行演绎的标志
设计是利用二维平面独特的视点交错与转换，
使图形产生在三维空间不可能实现的奇特的效
果。这种多视点共存的图形类标志可以让观者
产生奇幻的感受，因而也记忆犹新，难以忘记
（图 2-64）。

错觉图形的处理手法别具一格，通过线和面
的矛盾借用，在平面中产生三维空间所不能实

图 2- 62　澳大利亚旅游局 /Interbrand

现的形态。这种表现手法使标志图形产生异样且玄妙的视觉感受，也因此牢牢地抓住人们的视觉和记忆。

（6）立体。立体是指通过不同的表现形式和特殊的处理办法，呈现出标志的立体效果，也就是在二维平面上利用不同的标志设计手法呈现出三维空间的表现形式，达到立体的效果。立体的表现形式可通过利用错视觉原理、物体的光影、色块的分布、矛盾空间以及三维立体的方式来实现（图2-65、图2-66）。

图 2- 63 葡萄牙大学体育联合会标志设计 / Gen Design Studio

图 2- 64 南澳大利亚城市形象标志设计 / Cato Purnell Partners

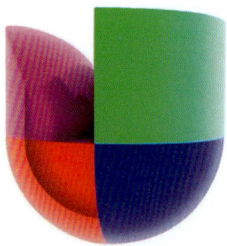

图 2- 65 美国西班牙语电视网 / Univision Wolff Olins

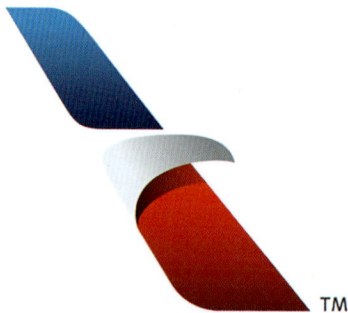

图 2- 66 美国航空公司 / FutureN Brand

2. 标志色彩

消费者在购买商品的时候，首先感觉的是颜色，然后才是形体，在最初接触商品的 20 秒内，消费者的色彩感觉占 80%，形体的感觉占 20%；2 分钟后色彩感觉占 60%，形体感觉占 40%；5 分钟后各占 50%。由此可见，强烈醒目的色彩能在第一时间里吸引受众群体的注意力并迅速传达品牌信息，具有先声夺人的效果。标志的色彩是标志构成元素中"最基础、最可靠、最永恒"的识别元素。

（1）标志色彩的选择。如何选择标志颜色才能符合色彩心理学？在了解每种颜色代表的特性之后，我们要思考品牌个性的特质是什么，什么样的颜色适合该产品或者品牌，其竞争对手使用什么颜色，标志的色彩设计是通过不同色彩的有机组合，形成一种视觉形象，给人以情感、情绪的感染，从而吸引消费者注意力，引起情感共鸣。所以，标志图形的色彩配置应根据品牌定位、产品特点、受众人群等因素，着重考虑各种色彩的色相、明度、纯度之间的关系。只有把握住色彩的特性，并恰当地运用，色彩元素才能发挥其在标志设计中的功效。

（2）标志色彩的表现形式，包括单色标志和多色标志。

1）单色标志。单色标志是指设计师使用一种色彩来设计的标志。单色标志具有轮廓清晰、明确有力、适用性广、易于推广的优势。所以很多公司都使用这类标志，例如联通标志、可口可乐标志等。

2）多色标志。多色标志具有个性、时尚、鲜明、有活力、视觉效果好的特点。多色标志设计的关键在于色彩搭配，优秀的色彩搭配可以让人看后瞬间产生非同一般的视觉冲击（图2-67～图2-72）。以下是几种常见的色彩搭配：

① 原色搭配。三原色的颜色单纯、强烈、鲜艳夺目，艺术效果和传播效果显著，例如广东卫视、贵州卫视的台标等。

② 近似色搭配。即搭配的色彩在色相、明度、纯度三要素上保持其一个要素不变，其他要素做规律性的变化，形成和谐的视觉效果。例如选择一种颜色，通过色彩明度变化达到色彩配置，如用橘红、橘黄、中黄、浅黄进行搭配，形成由浅入深的过渡色视觉，能表达出动态感。

③ 补色搭配。即互补色搭配形成对比，产生强烈的视觉冲击。这种色彩配置，对比鲜明，图形格外醒目鲜艳，层次清楚，既能给人以强烈的视觉冲击效果，让人印象深刻，又容易记忆。

（3）色彩与感觉。虽然色彩引起的复杂感觉是因人而异的，但是由于人类生理构造和生活环境等方面存在着共性，因此对大多数人来说，无论是单一色，或者是几色的混合色，在色彩的心理方面，也存在着共同的情感。根据实验心理学家的研究，主要有下列几个方面：

①色彩的冷暖。红色、橙色、黄色常常使人联想到旭日东升和燃烧的火焰，因此有温暖的感觉；蓝青色常常使人联想到大海、晴空、阴影，因此有寒冷的感觉。色彩的冷暖与明度、纯度也有关。高明度的色彩一般有冷感，低明度的色彩一般有暖感。高纯度的色彩一般有暖感，低纯度的色彩一般有冷感。无彩色系中白色有冷感，黑色有暖感，灰色属中性。

②色彩的轻重感。色彩的轻重感一般由明度决定。高明度具有轻感，低明度具有重感；白色最轻，黑色最重；低明度基调的配色具有重感，高明度基调的配色具有轻感。

③色彩的软硬感。色彩的软硬感与明度、纯度有关。凡明度较高的含灰色系具有软感，凡明度较低的含灰色系具有硬感；纯度越高，越具有硬感，纯度越低，越具有软感；强对比色调具有硬感，弱对比色调具有软感。

④色彩的强弱感。高纯度色有强感，低纯度色有弱感；有彩色系比无彩色系有强感，有彩色系以红色为最强；对比度大的具有强感，对比度低的有弱感。

⑤色彩的明快感与忧郁感。色彩的明快感和忧郁感与纯度有关，明度高而鲜艳的色彩具有明快感，深暗而浑浊的色彩具有忧郁感；低明度基调的配色易产生忧郁感，高明度基调的配色易产生明快感；强对比色调有明快感，弱对比色调具有忧郁感。

⑥色彩的兴奋感与沉静感。色彩的兴奋感和沉静感与色相、明度、纯度都有关，其中纯度的作用最为明显。在色相方面，凡是偏红、橙的暖色系，具有兴奋感，凡属蓝、青的冷色系，具有沉静感；在明度方面，明度高的色彩具有兴奋感，明度低的色彩具有沉静感；在纯度方面，纯度高的色彩具有兴奋感，纯度低的色彩具有沉静感。因此，暖色系中明度最高、纯度也最高的色彩兴奋感强，冷色系中明度低而纯度低的色彩具有沉静感。强对比的色调具有兴奋感，弱对比的色调具有沉静感。

⑦色彩的华丽感与朴素感。色彩的华丽感和朴素感与纯度关系最大，其次与明度有关。凡是鲜

图 2- 67　美国商城 VI 应用设计 /
Duffy & Partners 品牌顾问公司

图 2-68　美国商城标志设计 /
Duffy & Partners 品牌顾问公司

图 2- 69　美国商城（Mall of America）/
Duffy & Partners 品牌顾问公司

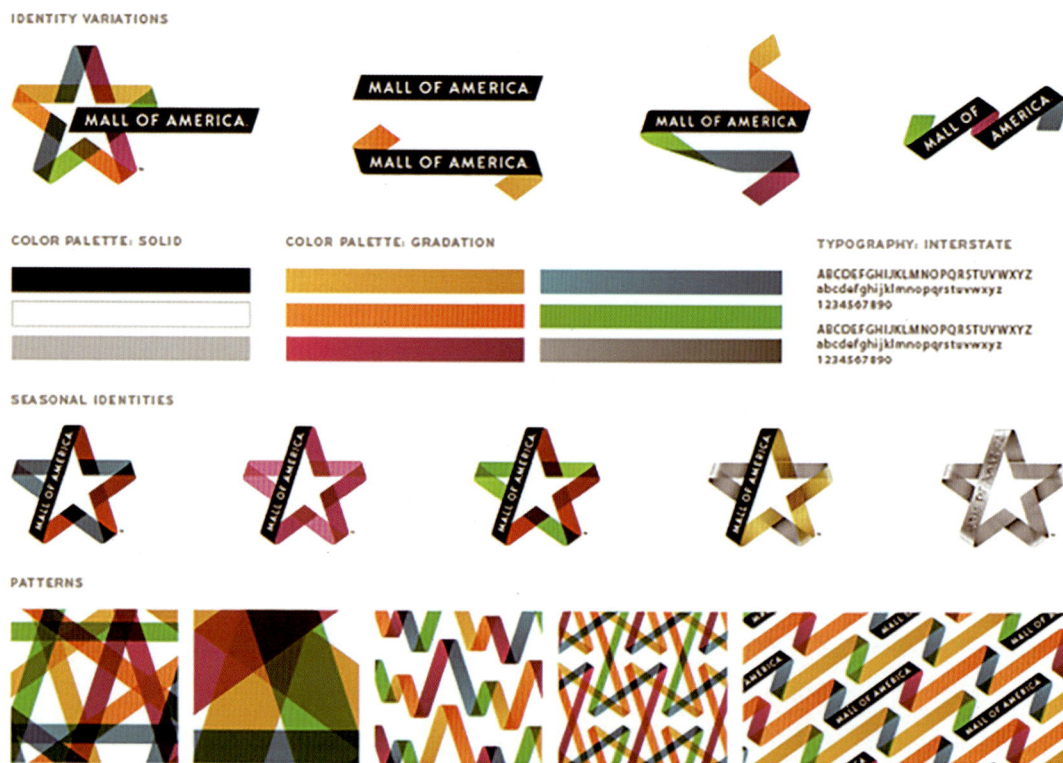

图 2- 70　美国商城 VI 基础设计 /Duffy & Partners 品牌顾问公司

图 2- 71　美国商城 VI 应用设计（1）/
Duffy & Partners 品牌顾问公司

图 2- 72　美国商城 VI 应用设计（2）/Duffy & Partners 品牌顾问公司

艳而明亮的色彩，都具有华丽感，凡是浑浊而深暗的色彩，都具有朴素感。有彩色系具有华丽感，无彩色系具有朴素感。运用色相对比的配色具有华丽感，其中补色最为华丽。强对比色调具有华丽感，弱对比色调具有朴素感。

　　色彩与感觉的设计案例如图 2-73 ~ 图 2-80 所示。

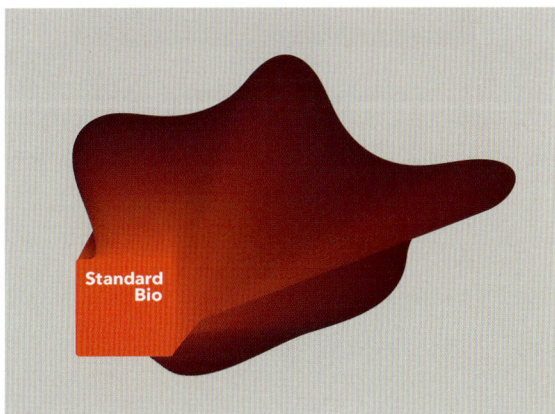

图 2- 73 Standard Bio 品牌设计（1）/ Behance 网站

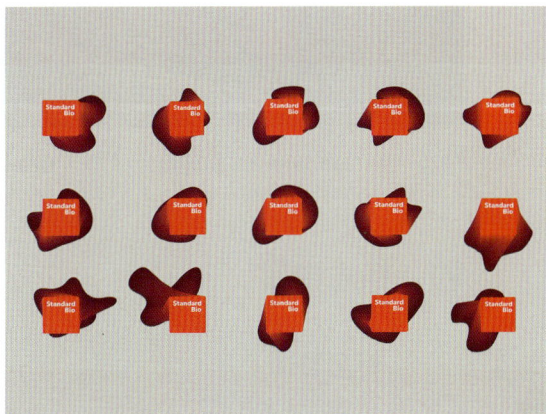

图 2- 74 Standard Bio 品牌设计（2）/ Behance 网站

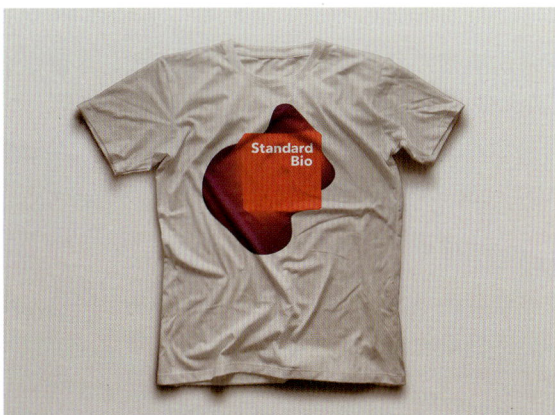

图 2- 75 Standard Bio 品牌设计（3）/ Behance 网站

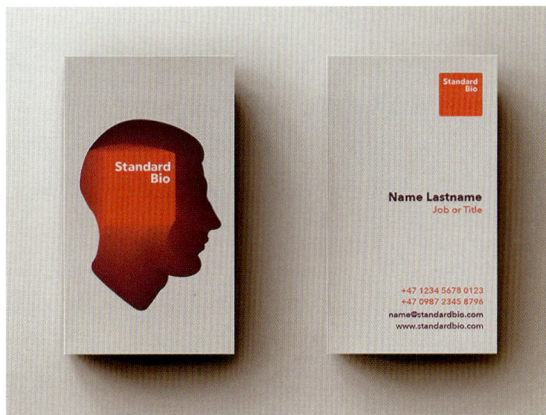

图 2- 76 Standard Bio 品牌设计（4）/ Behance 网站

图 2- 77 Standard Bio 品牌设计（5）/ Behance 网站

图 2- 78 Standard Bio 品牌设计（6）/ Behance 网站

图 2-79 Standard Bio 品牌设计（7）/ Behance 网站　图 2-80 Standard Bio 品牌设计（8）/ Behance 网站

四、标志提案

1. 标志整理

经过这一系列的努力，我们已经有多个方案了，接下来就是准备提案了。对自己的方案进行排序，哪些是自己推荐的，哪些是陪标的，哪些是需求方要求做的，整理清楚。接下来就是精心制作提案，提高它们被选中的概率。

2. 标志设计说明

标志设计说明，不需要过于复杂。尽量利用图来讲清楚方案的由来，不要只靠语言，尽量让你的想法具象化，把设计意图表述清楚。

设计说明主要内容：①设计主题的表述，设计意念的由来，设计手法的应用。②标志元素的构成，标志色彩的含义。③标志的象征意义。

3. 标志制图

在标志提案时，要向客户说明，标志是建立在美学基础上的，不是随便几个元素凑起来的，提案阶段的方案可能还不够细致，这时候的制图并不能达到最终需要的效果，但放到提案里面可以为方案加分，并且能使客户更加了解你的设计思路。

4. 标志贴图效果

在标志提案时，要向客户说明标志在实际运用中的效果，可运用贴图展示。

5. 标志后期延展

如果有时间，可以做一下标志的延展设计，例如品牌图形延展的设想、办公用品延展设计等，这样被选中的概率就大大提升了。

6. 视频

如果时间充足，可以做出标志创意动效，或者标志创意小视频，这样更能打动客户。

7. 语言组织

语言组织的要求是：①把想法表达清楚；②把前期搜集的和跟需求方沟通的资料都找出来，构思能打动对方的语言。

标志提案案例如图 2-81～图 2-92 所示。

图2- 81　布达佩斯申奥标志 /
Graphasel 设计工作室

图2- 82　布达佩斯申奥视觉设计（1）/
Graphasel 设计工作室

图2- 83　布达佩斯申奥视觉设计（2）/
Graphasel 设计工作室

图2- 84　布达佩斯申奥视觉设计（3）/
Graphasel 设计工作室

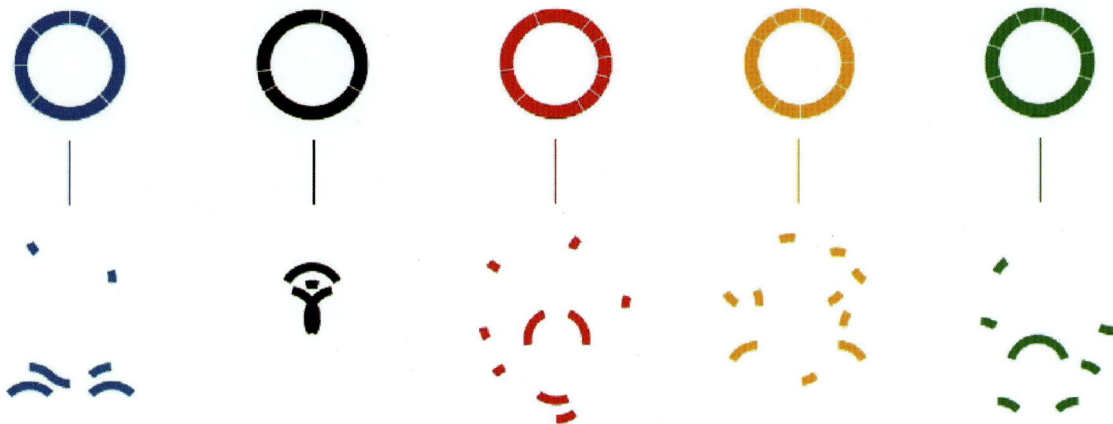

图2- 85　布达佩斯申奥视觉设计（4）/Graphasel 设计工作室

图 2- 86 布达佩斯申奥视觉设计（5）/
Graphasel 设计工作室

图 2- 87 布达佩斯申奥视觉设计（6）/
Graphasel 设计工作室

图 2- 88 美国电报电话公司 AT&T 标志 /Interbrand

图 2- 89 美国电报电话公司视觉设计（1）/Interbrand

图 2-90 美国电报电话公司视觉设计（2）/Interbrand

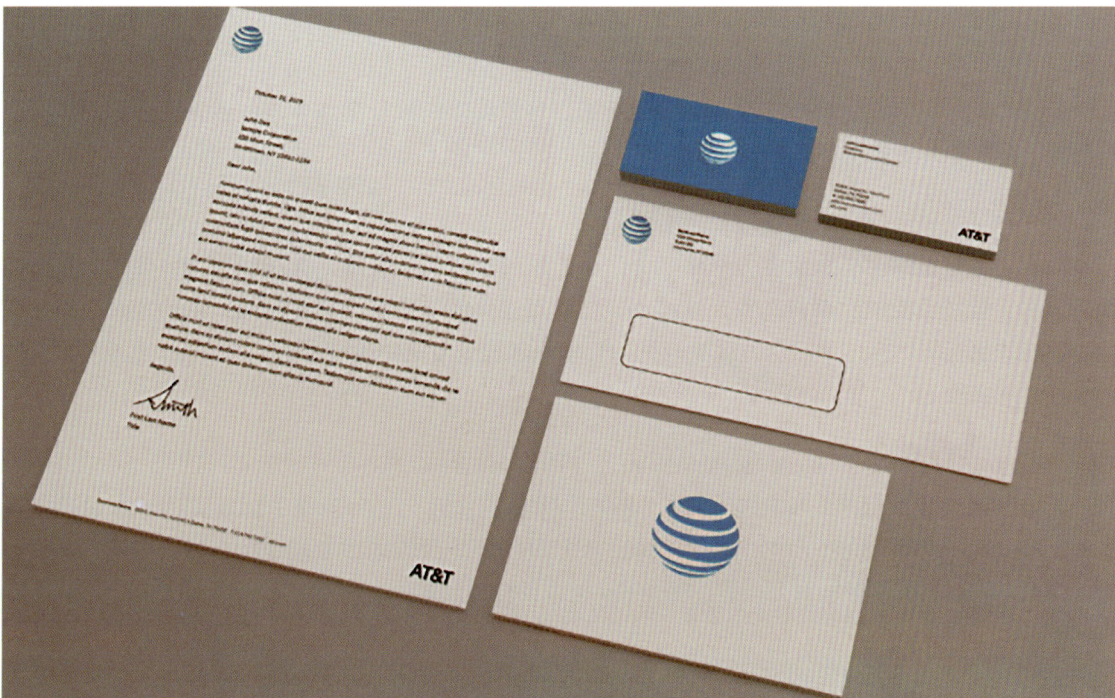

图 2-91 美国电报电话公司视觉设计（3）/Interbrand

图 2-92 美国电报电话公司视觉设计（4）/Interbrand

拓展知识

标志制图

专业严谨的标志设计往往要经过标准化制图，这就要求在设计定型后进一步完善图形，使其更加美观、标准和方便应用。标志有如下作图方法。

1. 网络作图法

网络作图法是指将标志放在方形格子内，用以检验标志线条位置、大小和宽窄的方法。复制使用标志时，要按原图的比例将其放大或缩小，作图原理类似于中国九宫格制图。这种方法适用于形状比较特殊的标志。标注尺寸不方便的时候，可将标志置于方格中进行比对。图 2-93 是西安园艺博览会标志网络图。

2. 尺规作图法

尺规作图法就是利用几何图形（圆、椭圆、圆弧、直线、三角形等）辅助完成标志设计，设计师必须对每一个角度每一个细节反复推敲。在尺规作图中用辅助线去规范标志设计中的尺寸、比例、位置、间距、弧度等一系列问题。图 2-94 是苹果标志尺规作图。

3. 标准作图法

标准作图法是对图形比例关系、半径、圆心、弧度等细节问题进行详细精确的尺寸标注。这种方法直接标示出标志的角度和弧度的数值，适用于圆弧造型、斜线造型较多的标志。图 2-95 是 GBOX 工作室标志标准制图。

设计师在作图时，一般根据设计对象和标志图形本身的需要，选择一种或多种作图法进行设计。

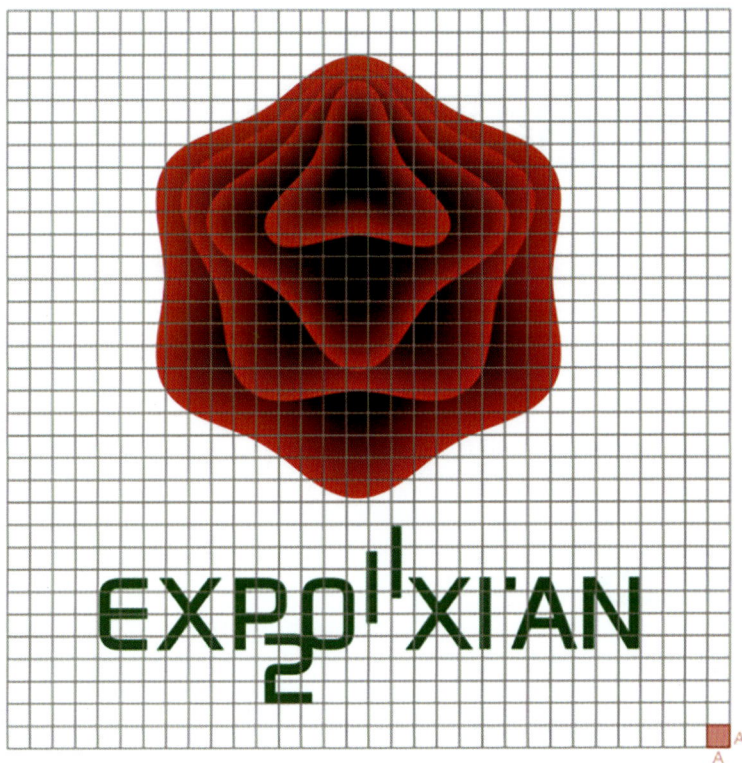

图 2-93　西安园艺博览会标志网络图

图 2-94　苹果标志尺规作图

图 2-95　GBOX 工作室标志标准制图

外部链接

推荐阅读书目：《2000 个世界顶级标志设计》，作者为 [美] 加德纳、费希尔，何清新译，广西美术出版社出版。

任务四 | 基础设计与制作

训练目的

通过本任务的训练，掌握标准字体、标准色、辅助色、辅助图形、吉祥物及其组合的设计技巧与方法，并对基础设计与企业形象的整体关系有一定的了解和认知，掌握 VI 基础设计的方法与规范；具备 VI 基础设计的执行能力。

训练重点

培养 VI 基础系统的创意思维方法；VI 基础系统的表现与执行。

训练难点

VI 基础系统设计的规范性、科学性与美观性。

训练内容

1. 标志的延伸设计。

2. 标准字体、标准色和辅助色的设计与制作。

3. VI 基础系统中辅助图形和吉祥物的设计。

基础知识

VI 设计的基本要素系统严格规定了标志图形标识、中英文字体、标准色彩、辅助图形、吉祥物及其组合形式，从根本上规范了企业的视觉基本要素，所以基本要素系统是企业形象的核心部分。企业基本要素系统包括企业标志、企业标准字体、标准色彩、辅助图形、吉祥物及其组合形式。

一、字体

1. 标准字体

标准字体是视觉形象识别系统中的基本要素之一，在视觉系统中应用广泛，常与标志联系在一起，起到表现风格的关键作用。字体的属性和个性特色，可直接将企业或品牌的品质和品位传达给受众，强化企业形象与品牌的诉求力；其功能和作用与标识具有同等重要性，也是企业文化的一种象征。

标准字体是企业名称、企业商标名称略称、活动主题、广告语等整体组合而成的字体。标准应用字体是设计师专门对字体的使用而设计或选择的规定字体，涉及企业名称、标准字体及广告字体。中文字体、外文字体以及数字字体也在其中。其目的是更好、更确切地体现企业形象的统一性和完整性。

精心设计的标准字体与普通印刷字体不同。除了外观造型不同外，更重要的是它根据企业或品牌的个性而设计，整体的形态、粗细、字间的连接与配置、统一的造型等，都做了细致严谨的规划，比普通字体更美观、更具特色。在企业和品牌的传播营销中，大型企业和机构往往会有自己的专门字体，从而彰显特色和专业性。

标准字体的设计应当个性鲜明，符合企业和品牌的特点，与其他核心元素相得益彰。总的来说，由于标准字体设计是 CI 的基本要素之一，其设计成功与否至关重要。当企业、公司、品牌确定后，就要着手进行标准字体设计，设计时应思考以下几点，确定设计方向：

（1）是否符合行业、产品的形象。

（2）是否具有创新的风格、独特的形象。

（3）能否为商品购买者所喜爱。

（4）能否表现企业的发展性与值得依赖性。

（5）对字体造型要素加以分析。

2. 应用字体

在视觉传播上应用的字体称为应用字体。应用字体常用于部门名称、设施名称、宣传与广告、正式文本、文书和出版物等。应用字体在设计上要求具有品牌和企业形象相一致的鲜明个性和美感、易于阅读、与标识的风格统一等。

选择应用字体应注意的事项有以下三点：

（1）了解专用字体的使用范围、使用目的、对象、媒介、环境。

（2）选用指定字体，应考虑标志和标准字体等基本要素的风格相协调。

（3）所选字体的种类及文字的组合形态、组合方法、尺寸、位置、比例、组合关系、数字、字母、标点符号等应有一定的规律，形成具有可读性、延续性、识别性的文字系统。

字体设计应用案例如图 2-96～图 2-99 所示。

图 2- 96　香港城市形象中文标志设计（1）/ 陈幼坚　图 2- 97　香港城市形象英文标志设计（2）/ 陈幼坚

The Brand Hong Kong logotype & Brandline may be used on its own in special circumstances to fit specific design purposes. The acceptable versions of Brand Hong Kong logotype & Brandline are shown on the left.

❶ The English version

❷ The Chinese version

❸ The Bilingual version

Logotype & Brandline appear on red background

Logotype & Brandline appear on black background

图 2-98　香港城市形象字体编排设计

Trade Gothic LH Extended

ABCDEFGHIJKLMNOPQRSTUVWXYZ
abcdefghijklmnopqrstuvwxyz
1234567890 $¥£@®©™æ§#ø¢%˚&?!;:~–"/()[]<>+-÷=

Trade Gothic LH Bold Extended

ABCDEFGHIJKLMNOPQRSTUVWXYZ
abcdefghijklmnopqrstuvwxyz
1234567890 $¥£@®©™æ§#ø¢%˚&?!;:~–"/()[]<>+-÷=

Trade Gothic Light

ABCDEFGHIJKLMNOPQRSTUVWXYZ
abcdefghijklmnopqrstuvwxyz
1234567890 $¥£@®©™æ§
#ø¢%˚&?!;:~–"/()[]<>+-÷=

Trade Gothic Medium

ABCDEFGHIJKLMNOPQRSTUVWXYZ
abcdefghijklmnopqrstuvwxyz
1234567890 $¥£@®©™æ§
#ø¢%˚&?!;:~–"/()[]<>+-÷=

Trade Gothic Bold No.2

ABCDEFGHIJKLMNOPQRSTUVWXYZ
abcdefghijklmnopqrstuvwxyz
1234567890 $¥£@®©™æ§
#ø¢%˚&?!;:~–"/()[]<>+-÷=

正線體
中文字體示範

中黑體
中文字體示範

黑體
中文字體示範

粗黑體
中文字體示範

图 2-99　香港城市形象标准字体／陈幼坚

二、色彩

1. 标准色

标准色是经过特别选定和设计的，能代表机构形象的特殊色彩；是通过视知觉传达，设定反映机构独特的精神理念与风格面貌的色彩。

一般而言，机构选择标准色作为形象代表，是出于以下三种需要：一是为了强化机构的内外部统一视觉形象；二是为了突出产品的影响力或市场形象；三是为了方便技术方面的统一管理、降低生产成本。

标准色的设定意味着机构形象一体化设计进入一个更精微、更深入的层次。依据使用和设计的需要，通常采用 1 ~ 3 种色单独使用或组合使用。标准色的类型有以下几种：

（1）单色标准色：单色容易记忆，印象强烈。但是使用时应注意方法，避免单一和重复。

（2）双色标准色：如果标准色是两种以上，在色彩运用时要注意区分色彩面积和比例分配。

（3）多色标准色：多色组合变化丰富，但使用时应注意避免杂乱，也要在色彩面积、色彩层次上多做考虑。

2. 辅助色

随着机构规模的不断扩大，单一色或复色的标准色已不能适应企业的发展需要。于是有些机构选择一些相应的色彩，作为辅助性用色，用以区别不同的部门或场合，这样既丰富了机构用色，又规范了用色标准。辅助色是作为辅助出现的，比如底色等。这是与标准色相反的用色，是对标准色起调剂作用的辅助性用色，用于加强色调层次，取得丰富的色彩效果。在设计处理中，不能喧宾夺主，不能盲目滥用，要注意与标准色间的协调关系，以及用色环境及使用对象的协调等。

标准色与辅助色的设计案例如图 2-100 ~ 图 2-104 所示。

Primary Colour Palette

PMS485C

Process Colour
100M 100Y

RGB Value
R: 255 G: 0 B: 0

Black

Process Colour
100K

RGB Value
R: 0 G: 0 B: 0

Secondary Colour Palette

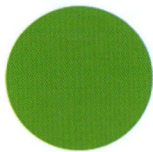

PMS 254C

Process Colour
40C 100M

RGB Value
R: 152 G: 55 B: 142

PMS Process Cyan C

Process Colour
100C

RGB Value
R: 43 G: 170 B: 225

PMS 369C

Process Colour
70C 100Y

RGB Value
R: 111 G: 190 B: 68

PMS 382C

Process Colour
25C 100Y

RGB Value
R: 203 G: 219 B: 42

PMS 144C

Process Colour
55M 100Y

RGB Value
R: 248 G: 152 B: 56

图 2-100　香港城市形象色彩设计（1）/ 陈幼坚

Two-Colour Version

HONG
KONG
ASIA'S WORLD CITY

PMS
485C

Black

PMS
485C

Single-Colour Version

HONG
KONG
ASIA'S WORLD CITY

PMS
485C

Black & White Version

HONG
KONG
ASIA'S WORLD CITY

Black

图 2- 101　香港城市形象色彩设计（2）/ 陈幼坚

Full-Colour Version (Process Colour Gradient)

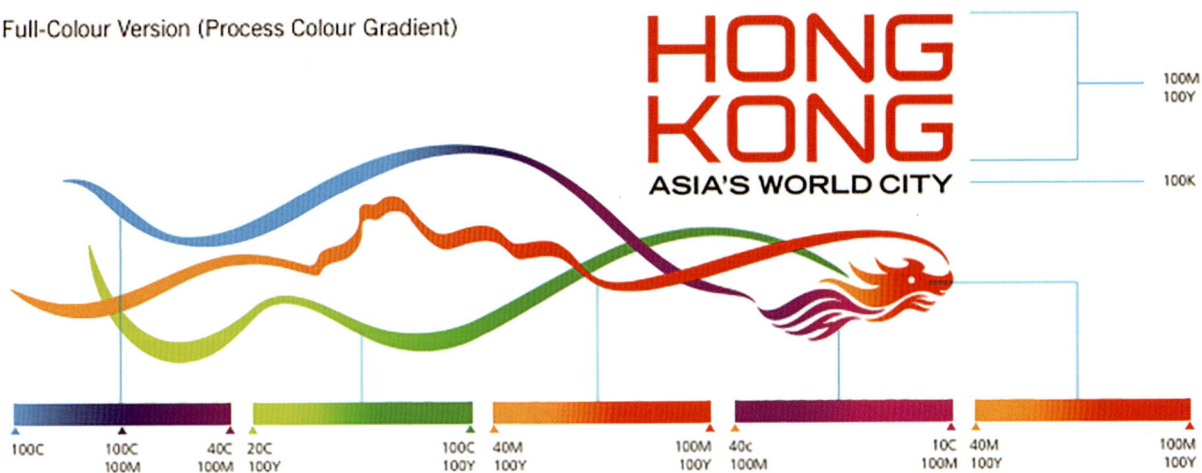

Full-Colour Version (Solid Colour)

图 2-102 香港城市形象色彩设计（3）/陈幼坚

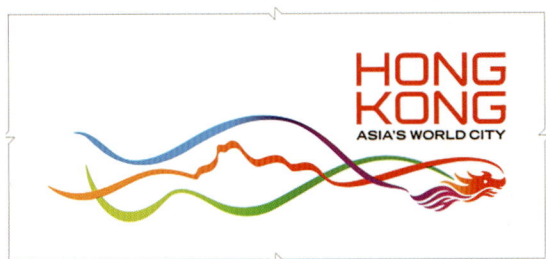

Full-Colour Version on Primary Background Colour (white)

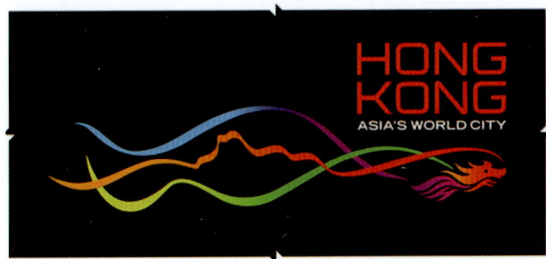

Full-Colour Version on Primary Background Colour (black)

图 2-103 香港城市形象色彩设计（4）/陈幼坚

图 2-104 香港城市形象色彩设计（5）/陈幼坚

三、辅助图形

1. 辅助图形概述

辅助图形是识别系统中的辅助性视觉要素。辅助图形不是纯装饰的图案，而是基本视觉要素的拓展和延伸，既与标志、标准字有所区别，又具有内在的联系。它通过变化多样的形式，补充企业标志等造型要素所缺乏的丰富性和灵活性。当辅助图形和其他要素一起使用时，可以起到对比、陪衬的作用，增加了其他要素在应用中的实验性和深入程度。

2. 辅助图形应用

辅助图形的设计内容包括：以企业标志的造型为开发母体；以企业标志或企业理念的意义为开发母体。

辅助图形常用在包装纸、购物袋以及各种礼品的设计上，给人以装饰美感和强烈的视觉特征。辅助图形可根据企业标志直接进行排列组合，也可根据企业标志的特点进行适当变形后再组合，或将企业标志和标准字体的组合做一个单元进行排列。方法是多种多样的，重要的是要根据排列要素的特点进行组合，产生出秩序的节奏、韵律，增加画面的视觉冲击力。

辅助图形的应用案例如图 2-105 ～ 图 2-113 所示。

3. 辅助图形特点

辅助图形的特点有以下三个方面：一是说明性，它作为企业识别系统的组成部分，延伸、扩展了企业形象的特征和个性；二是辅助性，它配合企业识别系统的主题结构，进一步渲染企业的形象特征和个性，形成更具有视觉识别性与冲击力的形象系统；三是适应性，它具有形状和比例方面的灵活性，可以在不同场合使企业形象得到最充分表现，还可以使企业形象具有立体化、多层次的表现效果。

图 2-105　土耳其国名形象设计（1）/ Saffron

图 2-106　土耳其国名形象设计（2）/ Saffron

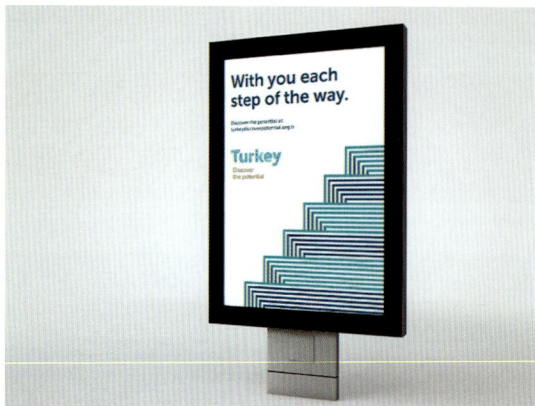

图 2-107　土耳其国名形象设计（3）/ Saffron

图 2-108　土耳其国名形象设计（4）/ Saffron

图 2-109 土耳其形象设计元素 / Saffron

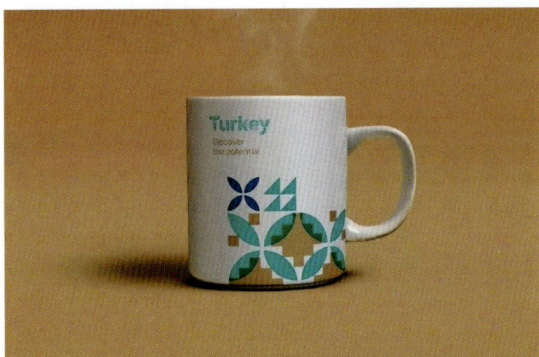

图 2-110 土耳其形象应用设计（1）/ Saffron

图 2-111 土耳其形象应用设计（2）/ Saffron

图 2-112 土耳其形象应用设计（3）/ Saffron

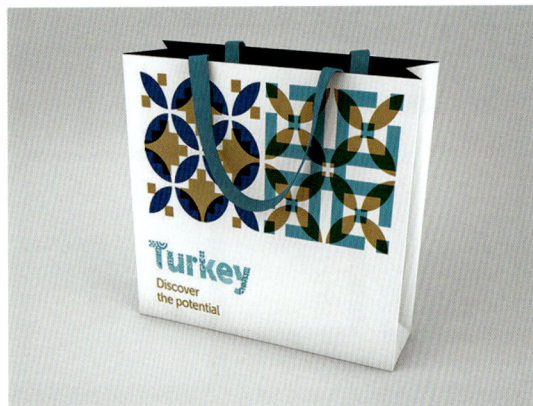

图 2-113 土耳其形象应用设计（4）/ Saffron

四、组合应用

在标准字体、标志、标准色的设计任务完成之后，下一步的任务就是三者之间的编排和组合方式的制定。

组合应用即是将企业标志、标准字体、标准色等基本要素组合起来进行运用。为使企业建立统一的视觉识别体系，并适用于各种不同的媒体和场合，应设计出一套规范化、系统化、统一化并综合各种基本要素的富有延展性的组合模式，其中包括各种要素组合时的位置、距离、方向、大小等的组合规范，所有组合形式都是以标识各部分的宽度为模式组成单元的。当组合模式的编排确定之后，为方便制作和使用，确保企业形象视觉识别的统一性和系统化，要绘制出组合的结构图。应根据具体媒体的规格与排列方向来决定设计的横排、竖排、大小、方向等不同形式的组合方式。图2-114～图2-117是日本UNIQLO品牌视觉设计案例。

图 2-114 日本 UNIQLO 品牌标志 / 佐藤可士和

图 2-115 日本 UNIQLO 品牌视觉设计（1）/ 佐藤可士和

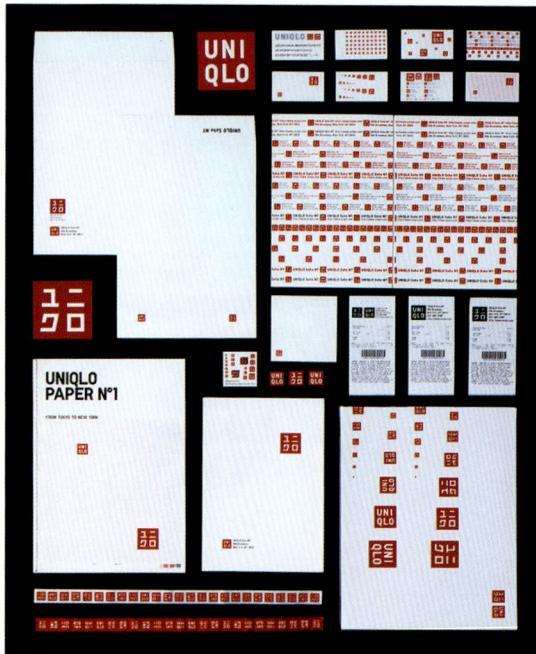

图 2-116 日本 UNIQLO 品牌视觉设计（2）/ 佐藤可士和

图 2-117 日本 UNIQLO 品牌视觉设计（3）/ 佐藤可士和

标志同其他要素的组合方式，常有以下形式：其一，标志同企业中文名称或略称的组合；其二，标志同品牌名称的组合；其三，标志同企业英文名称全称或略称的组合；其四，标志同企业名称或品牌名称及企业选型的组合；其五，标志同企业名称或品牌名称及企业宣传口号、广告语等的组合；其六，标志同企业名称及地址、电话号码等信息的组合。

五、吉祥物

1. 吉祥物概述

吉祥物是借助适宜的人物、动物、植物的具象化视觉效果，塑造企业形象的视觉识别符号。通过幽默、滑稽的造型捕捉社会公众的视觉焦点，往往比抽象的标志、标准字体更具视觉冲击力。

2. 吉祥物分类

吉祥物按其作用和意义，可分为两类：一是体现企业标志的意义；二是补充企业标志的意义，说明企业性质或产品特性。

3. 吉祥物特征

（1）说明性。具象化的造型图案可以直观生动地传达企业理念和企业精神。如幽默滑稽的人物造型，暗示服务的热情、周到；威武凶猛的动物形象，可以给人强劲、霸气的品质保证；娇嫩率真的植物卡通，可以给人呵护备至的关爱情怀；择取人物、动物、植物的个性和特征，能准确而轻松地表达企业的经营理念。

（2）亲切感。将民间传说或童话故事的典型人物加以夸张，借动物、植物的拟人化形象，使不同年龄、文化，不同语言背景的消费者，产生认同与共鸣。

（3）吸引力。通过吉祥物的变体设计，可以充分利用表情、姿势、动态的变化来展现视觉识别的传达内容，这一特征使吉祥物成为具有强烈诉求的视觉要素。

4. 吉祥物设计要点

吉祥物的设计要点有以下几个方面：①关联性，②个性化，③情感性，④取名，⑤夸张的表情，⑥造型。

确定简洁的原型以后，就要进行变体设计。如笑容、跳跃、奔跑等不同的表情、姿态、动态。此外，还要考虑商店、建筑、活动场所等应用场所。

5. 吉祥物设计及应用

（1）吉祥物的设计应注意的问题有以下几个方面：①宗教信仰的忌讳和风俗习惯的好恶；②企业经营的内容和产品特性，比如，食品业常以创业者肖像作为传统风味的老牌象征，化妆品常常用植物或动物来表现女性温柔典雅的风格。

（2）吉祥物的设计题材选择，包括以下两个方面。

①故事性。从家喻户晓的童话故事或民间传说中选择富有个性特征的角色充当吉祥物，是设计师常用方法之一。

② 历史性。利用人们对历史人物的喜爱与崇敬心情，塑造传统文化、老牌风味的权威感，也是设计师常用方法之一。

（3）人物、动物、植物的特性。他们的特性有着明显的差异，设计吉祥物时，要就公司性格、品牌印象、产品特点选择符合其精神的表现题材。

基础部分的设计是 VI 设计中最基础也是最重要的部分，在设计时，要综合考虑一个品牌的诸多要素，在标准字体与标志的协调统一上、辅助色的制定上、象征图形的延展上，都要针对行业特点去深入分析和设计，以便为应用部分的发展实施打好基础，使得整体的设计思路贯穿始终，达到最终设定的效果。

上海国际马拉松赛吉祥物设计以上海市花白玉兰为原型，运用拟人的表现形式，塑造了一个活泼可爱、活力十足、欢乐吉祥的卡通形象（图 2-118、图 2-119）。吉祥物取名"奔奔"，寓意"奔跑的城市，市民的节日"，充分体现了上海独特的文化底蕴和马拉松体育运动所展现的体育精神。吉祥物面带灿烂的笑容，自信稳健地奔跑，象征着马拉松运动员们"坚韧不拔，永不放弃"的精神风貌；眉毛画作蓝色水滴，象征海派风格，同时也为吉祥物增添了几分灵气。身穿蓝色运动装，裤子的水浪纹样象征上海的地域特色和富有活力、不断努力进取的上海精神；胜利的手势、欢快的跳跃，象征运动员们良好的竞技状态和努力拼搏的运动风采。吉祥物造型活泼可爱，色彩明快，亲和力强，适合各种视觉传播和宣传推广及制作模型等拟人化展示。

图 2-118　2013 年上海国际马拉松赛吉祥物设计／黄晓光

图 2-119　2013 年上海国际马拉松赛吉祥物三视图设计／黄晓光

拓展知识

吉祥物设计发展的趋势

国内当代流行的吉祥物设计风格主要来源于日本与美国的卡通形象，大部分通过电脑二维绘画创作，以拟人化手法赋予吉祥物以人物的身形姿态和动作造型来表达情感。这种既定的设计思维经过多年的沿袭和套用，已成为吉祥物设计的束缚。从理念创意到形象设计的实践过程中，设计者必须运用适当的表现手法和造型技巧来设计吉祥物的外貌形态，以人们的情感诉求为出发点，将传统文化与时代特征兼收并蓄，和谐统一。国外吉祥物设计案例如图 2-120 ~ 图 2-124 所示。在新时代背景下，吉祥物设计呈现出以下趋势：

1. 由二维向三维转变

在新媒体盛行的时代里，吉祥物在造型方面已经由二维的平面造型发展到三维立体化造型。2012 年伦敦奥运会及残奥会吉祥物"文洛克和曼德维尔"，在服饰上面增加了金属的质感，脸上省去了其他器官，只有一只大眼睛，富有很炫的未来科技感的意味，显得造型更加真实和富有艺术冲击力，给人们无限的想象空间，还推出了奥运宣传片（图 2-125）。俄罗斯索契冬奥会的三个动物吉祥物也以建模的手法创作，直观、生动地还原了动物们原生态的有血有肉的鲜活质感，健壮的雪豹、乖巧可爱的雪兔和憨态可掬的北极熊，极富感染力地塑造了三个颇具亲和力的冬奥会代言人形象（图2-126）。国内吉祥物设计技术也紧跟国际设计步伐，例如上海国际马拉松赛吉祥物东东便是运用电脑技术创作的立体机器人形象。它由上海的标志性建筑"东方明珠"经过设计夸张变形而来，建模渲染出了吉祥物立体饱满的机械质感。

图 2-120　2012 年伦敦奥运会视觉形象吉祥物设计

图 2-121　2004 年雅典奥运会吉祥物设计

图 2-122　2018 年世界杯吉祥物设计

图 2-123　2016 年里约奥运会吉祥物设计

图 2-124　2020 年东京奥运会官方吉祥物设计

图 2-125　2010 年温哥华冬奥会吉祥物设计

图 2-126 2014 年俄罗斯索契冬奥会吉祥物设计

2. 动态化设计的展现

现代吉祥物随着时代的发展和技术的进步已经可以通过动作、表情方面的设计来塑造形象的情绪和个性，更好地吸引大众的目光，进而发挥传播代言的功能。动态化设计即对角色的运动状态进行设计。动态化设计必须根据不同角色的运动过程，进行最具特征的动态捕捉。不同年龄、性别、性格的人或动物的动态是有很大区别的，要设计出在不同透视角度下的各种动态变化。动态化设计可以拓宽吉祥物的传播途径，将其改编为动画、电影等音影媒介，可以增加吉祥物的曝光度，提升吉祥物的知名度。

3. 互动性的体验

如今数字化发展日新月异，已经从传统的观赏模式进入了交互模式。动态吉祥物在不受外界因素影响的情况下能按照既定的规律运动，当受到外界因素刺激时，吉祥物会做出相应的反应，实现与人、环境的互动。

外部链接

推荐阅读书目:《品牌设计 100+1：100 个品牌商标与 1 个品牌形象设计案例》，作者为靳埭强，北京大学出版社出版。

100 个品牌商标诞生的故事，带出香港设计大师靳埭强 100 个不同角度的设计心得，不但令商标设计的艺术立体化，而且让读者能深入了解品牌形象的策划、营运和设计过程，更从中折射出本土设计业，以至各行各业数十载的演变和发展，是一种极具前瞻性的设计实践经验。

任务五 | 应用设计与制作

训练目的

通过本任务的训练，能做出符合行业特点的合理、可行的应用设计。

训练重点

VI 应用系统的整体规划能力；办公事物用品类、环境导示类、交通工具类、员工服装类、公务礼品类、广告传媒类等的应用设计与制作能力。

训练难点

掌握 VI 应用系统设计的可行性、识别性与美观性。

训练内容

1. 制定符合企业行业特征的应用系统设计明细。

2. 办公事物用品类的设计与制作。

3. 环境导示类的设计与制作。

4. 交通工具类的设计与制作。

5. 员工服装类的设计与制作。

6. 广告传媒类的设计与制作。

7. 其他 VI 应用设计与制作。

基础知识

应用设计是基础部分的展开和运用，必须以基础设计部分的风格为指导，要了解严格的规范组合要求，对应用项目的分类有一定的把握。

一、办公事物用品类

在企业诸多的视觉传达媒体中，办公用品应用面广、扩散范围大、传播率高、作用时间久，是所有企业都必须配备的传达工具。办公用品直接影响企业风格和员工心理。办公用品规范的设计和科学的管理，给人以条理、整齐、正规的印象，有利于形成企业风格。办公事物用品类设计案例如图 2-127 ~ 图 2-132 所示。

1. 办公事物用品类的主要设计要素

办公事物用品类的主要设计要素一般包括企业标识、企业名称（全称和略称）、标志、标准字体、标准色彩、企业造型、象征图形、企业署名、地址、电话、电传、电子邮件信箱、邮政编码、企业标语口号、营运内容、办公用品名称（如请柬、合同书）、图形、文字、构图、肌理、制作工艺。

2. 办公用品类项目

办公用品类项目包括名片、信纸、信封、便笺、各型公文袋、资料袋、现金袋、卷宗袋、合同书、报价单、各类表单和账票、各类证卡（如邀请卡、生日卡、圣诞卡、贺卡）、年历、月历、日历、工商日记、奖状、奖牌、茶具、办公室设施等用具（如纸镇、笔架、圆珠笔、铅笔、雨具架、订书机、传真机）等。

图 2-127　中美洲 BAC Credomatic
银行设计 /Lippincott 创意咨询公司

图 2-128　中美洲 BAC Credomatic
银行办公用品设计（1）/Lippincott
创意咨询公司

图 2-129　中美洲 BAC Credomatic
银行办公用品设计（2）/Lippincott
创意咨询公司

图 2-130　深圳机场集团办公用品设计 / 靳刘高

图 2- 131 Standard Bio 办公用品设计 /Behance 网站

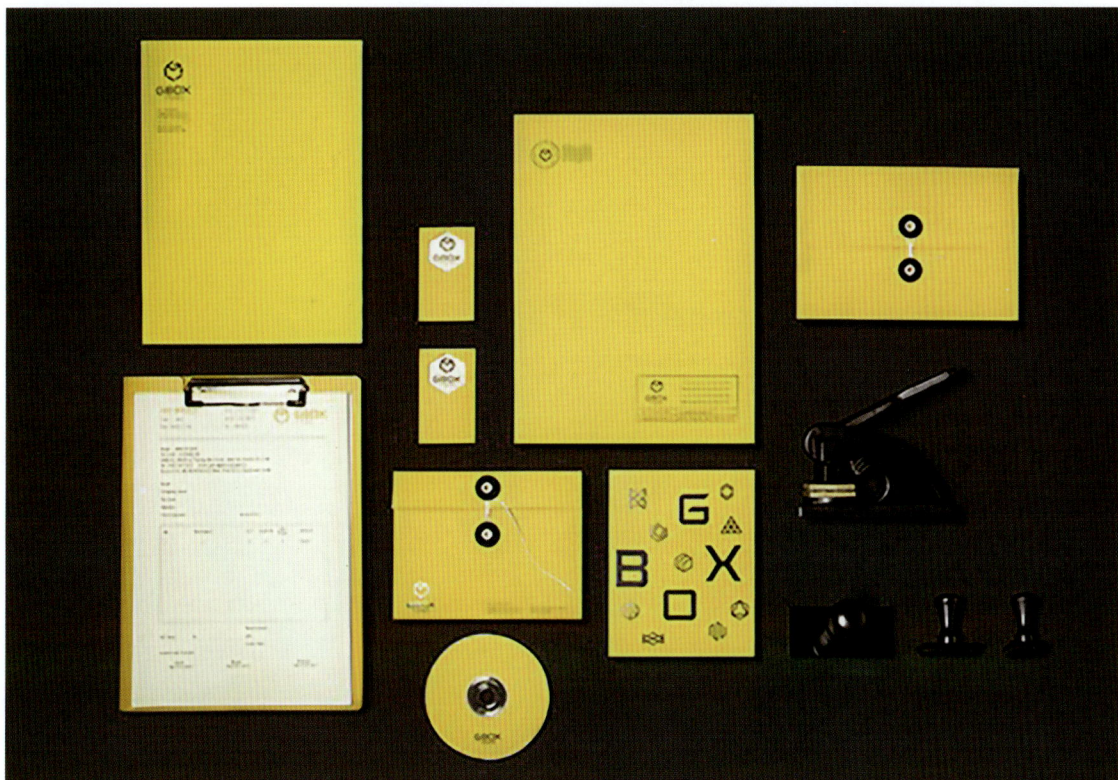

图 2- 132 GBOX 办公用品设计 /GBOX

二、包装产品类

应用设计中的包装设计主要是将企业产品的各类包装条理化、系统化。设计风格和表现手法应考虑统一性，使之成为企业整体形象的一部分。产品的造型和色彩在设计上都应体现出企业的个性。产品是企业的经济来源，产品包装起到保护、销售、传播企业和产品形象的作用。它是一种记号化、信息化、商品化流通的企业形象，因而代表着产品生产企业的形象，并象征着企业质量的优劣和价格的高低。所以系统化的包装设计具有强大的推销作用。成功的包装是最好、最便利的宣传介绍企业和树立良好企业形象的途径。产品包装主要包括纸盒包装、纸袋包装、木箱包装、玻璃包装、塑料包装、金属包装、陶瓷包装、包装纸等。包装设计案例如图 2-133~ 图 2-135 所示。

图 2- 133　韩国现代百货视觉识别系统设计 /
Cndesign

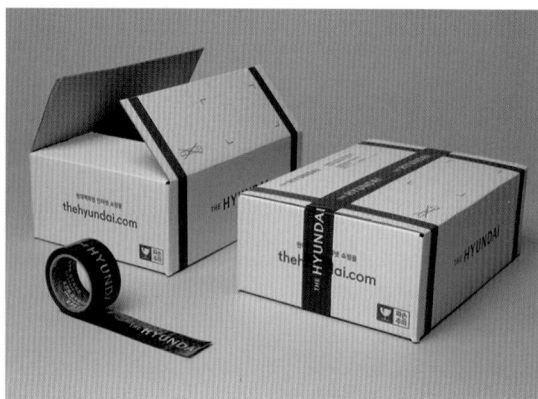

图 2- 134　韩国现代百货包装设计（1）/Cndesign

图 2- 135　韩国现代百货包装设计（2）/Cndesign

三、环境导示类

导示有着引导、说明、指示等功能，是环境布局的重要部分，也是营造风格、塑造文化的重要组成部分。只有全面理解和正确认识它，才能充分发挥其作用。环境导示类型分为以下几种：

1. 办公环境导示

建筑内供办公人员办公的空间，按办公建筑的使用对象和主要用途，可分为行政办公楼、专业性办公楼、出租写字楼、综合性办公楼。办公环境导示系统应该具有标识的一般功能，简洁明了、高度概括、容易识别、朴素大方。不华丽矫饰、不喧宾夺主是对办公环境导示系统的总体要求。

2. 文化环境导示

文化性建筑环境，包括各类文化展览馆、美术馆、博物馆，以及各种政府建筑环境，这些建筑环境都具有多功能的综合性特点，不仅是满足宣传交流要求的场所，还是大多数普通民众学习的场所，所以，导示的多功能综合性和自身特性是此类环境导示设计的依据。文化环境导示设计案例如图 2-136 ~ 图 2-146 所示。

3. 商业环境导示

商业环境泛指商业经营，是以获取利润为主要目的的活动场所，包括酒店、餐饮及娱乐等服务型建筑环境。此类建筑环境本身功能多样，构成复杂，经营项目常有交叉。一个完整的商业区和城市中心区通常是多种类型商业建筑环境的综合体。商业环境导示的目的是清晰明确地指示出商业经营的质量、特征及销售服务方式等商业信息，以引导顾客。

图 2-136 日本 Arts Maebashi 前桥美术馆视觉形象 VI 和导示设计 / 原研哉

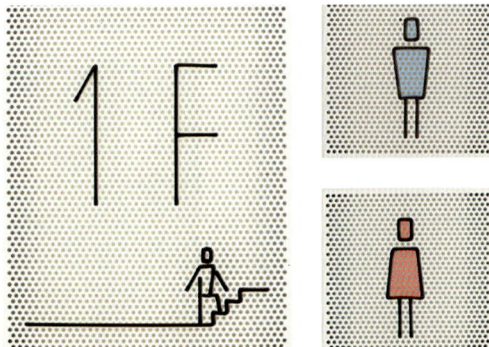

图 2-137 日本 Arts Maebashi 前桥美术馆导示设计（1）/ 原研哉

图 2-138 日本 Arts Maebashi 前桥美术馆导示设计（2）/ 原研哉

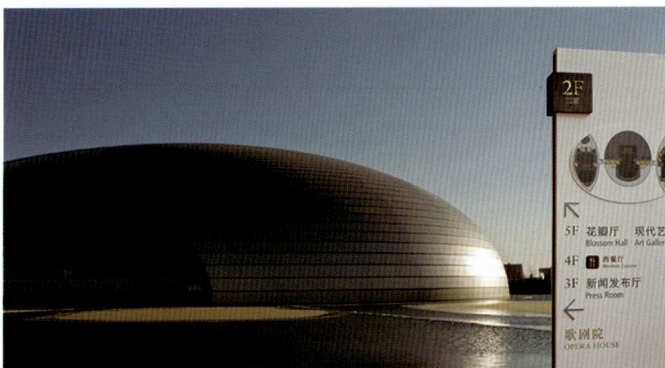

图 2-139 国家大剧院导示设计（1）/ 靳刘高

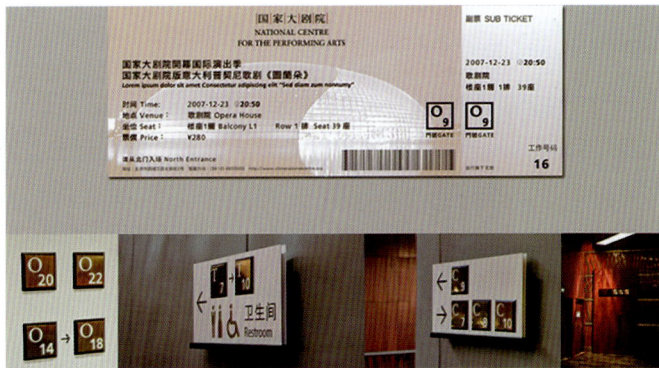

图 2-140 国家大剧院导示设计（2）/ 靳刘高

图 2- 141　国家大剧院导示设计（3）/ 靳刘高

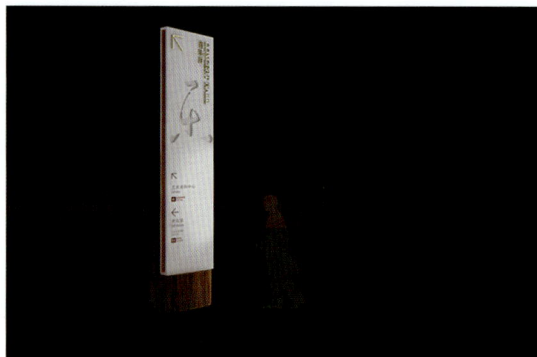

图 2- 142　国家大剧院导示设计（4）/ 靳刘高

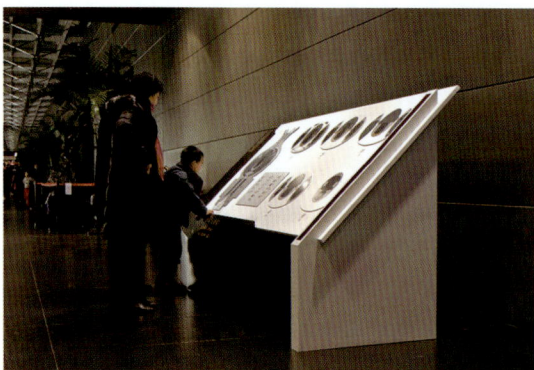

图 2- 143　国家大剧院导示设计（5）/ 靳刘高

图 2- 144　国家大剧院导示设计（6）/ 靳刘高

图 2- 145　国家大剧院导示设计（7）/ 靳刘高

图 2- 146　国家大剧院导示设计（8）/ 靳刘高

4. 营销环境导示

　　营销环境导示是为销售过程服务的，是为创造良好的销售环境服务的。在定位上，首先要考虑的是品牌，如标识、名称、颜色等，它不要求融于自然环境，而是越鲜明、越有冲击力、越能抓住人们的目光越好。它的适用周期同它的营销活动同步，较为短暂。

四、交通工具类

　　交通工具是一种流动性、公开化的企业形象，其传播方式是通过多次的流动给人留下瞬间的记忆，有意无意地建立起企业的形象。设计时应具体考虑它的移动和快速流动的特点，要运用标准字体和标准色来统一各种交通工具外观的设计效果。标志和字体应醒目，色彩要强烈，才能引起人们注意，最大限度地发挥其流动广告的视觉效果。交通工具主要包括轿车、中巴、大巴、货车、工具车、船舶、飞机等。交通工具设计案例如图 2-147 ~ 图 2-157 所示。

图 2-147　青岛旅游品牌 /
东道设计

图 2-148　青岛旅游品牌交通设计（1）/
东道设计

图 2-149　青岛旅游品牌交通设计（2）/
东道设计

图 2-150　伦敦奥运会形象设计 /
Wolff Olins

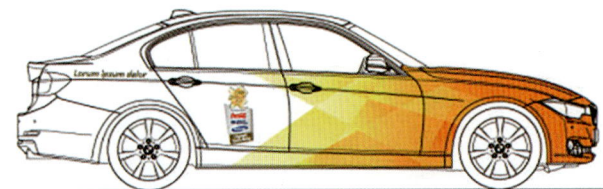

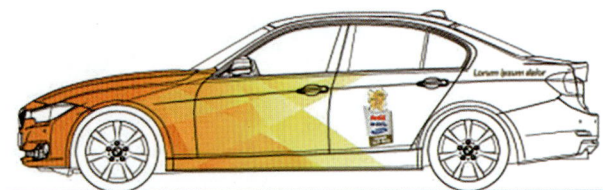

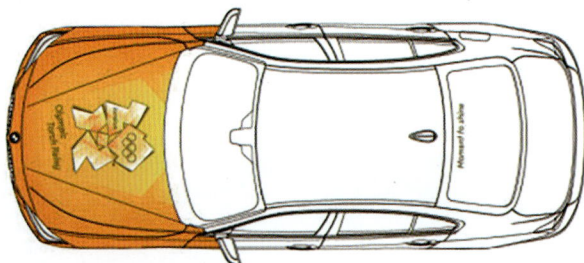

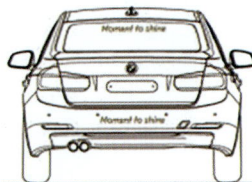

图 2-151　伦敦奥运会交通工具设计（1）/
Wolff Olins

图 2-152　伦敦奥运会交通工具设计（2）/
Wolff Olins

图 2- 153 伦敦奥运会交通工具设计（3）/ Wolff Olins

图 2- 154 伦敦奥运会交通工具设计（4）/
Wolff Olins

图 2- 155 伦敦奥运会交通工具设计（5）/
Wolff Olins

图 2- 156 伦敦奥运会交通工具设计（6）/
Wolff Olins

图 2- 157 伦敦奥运会交通工具设计（7）/
Wolff Olins

五、服装类

　　企业服饰对于企业内部管理、岗位的划分、整洁的视觉环境等方面起着重要的作用。整洁高雅的统一企业服装设计，可提高企业员工对企业的归属感、荣誉感和主人翁意识，改变员工的精神面貌，促进工作效率的提高并加强员工对纪律的严格遵守和对企业的责任心。服装设计应严格区分出工作范围、性质和特点，符合不同岗位的要求。一般来说，服装的色彩以企业标准色为主，可加入适当辅助色搭配使用，整体设计要突出企业形象的应用。

　　服装类设计要素包括企业基本视觉要素的运用，如企业标识、企业名称、标准色、广告语等；制服的内外款式设计（外观形态、内部款式等）；服装的材质选择（如朴素自然的棉麻布料、庄重挺拔的毛料、华丽高雅的丝绸缎料等）；服装的色彩设计，不同岗位性质的制服色彩；服装的配饰设计（如特制的衣扣、领带、领带夹、拉链、皮带等服饰配件）。服装类设计案例如图 2-158～图 2-163 所示。

图 2-158　2014 年深港设计双年展服装设计（1）/ 韩家英

图 2-159　2014 年深港设计双年展服装设计（2）/ 韩家英

图 2-160　上海 2017 年国际车展服装设计 / 高凤武、张珊珊、赵伟

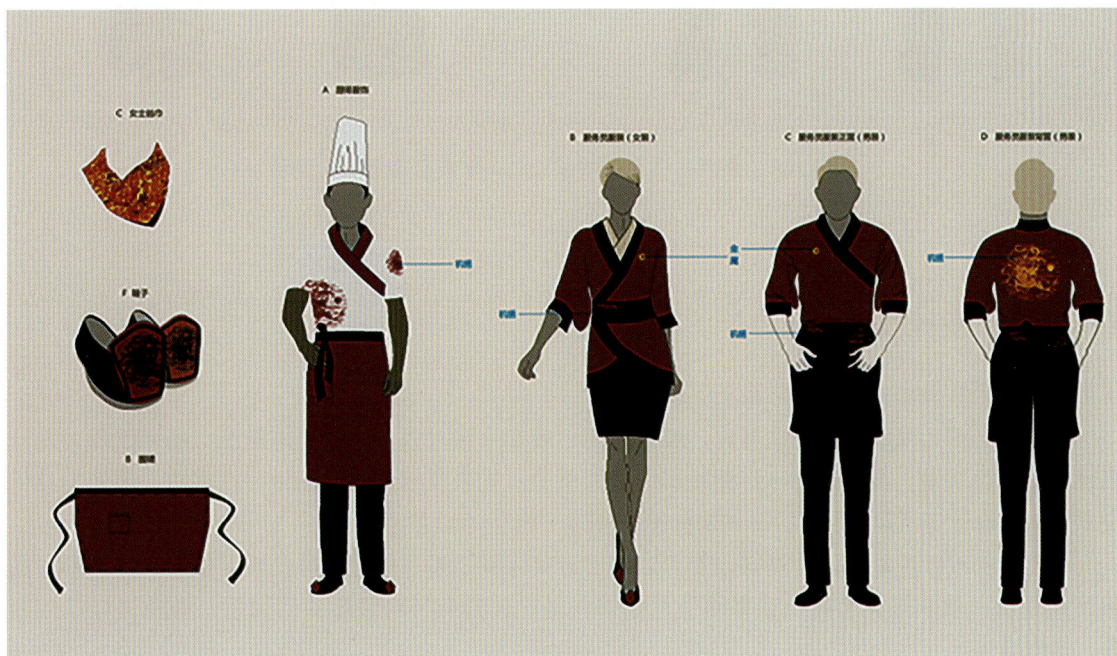

图 2-161　炭知天下品牌服装设计（1）/ 左右格局

图 2-162　炭知天下品牌服装设计（2）/ 左右格局

图 2-163　永丽科技品牌服装设计 / 米莱品牌策略与设计

六、 展示设计类

展示设计分为展览设计和专卖店设计。

展览设计多为临时性的主题展览，展览周期一般在一个月以内，展览的组织、场地选择、设计搭建的周期也较短。展览设计一定要根据具体的展览目的来规划展品、场地，在客户、展场的具体要求下完成设计与搭建。展览设计案例如图 2-164 ~ 图 2-169 所示。

专卖店的设计与展览设计不同，专卖店的设计首先要了解品牌，熟悉品牌风格、品牌色彩、品牌产品、店面要求等。了解一些基础信息能够帮助设计师有针对性地找到问题，避免设计中的材质、造型堆砌。

专卖店设计的首要问题是解决一定空间里的产品陈列。产品陈列的制约因素有产品形态、大小、重量、产品分类、陈列数量、价格等。产品陈列与销售相关，不能促进销售的空间设计是失败的。销售对形态、空间划分有一定的要求，设计需要有针对性，对于不同产品，如新品、促销品等，要区别对待。空间设计一定要考虑人的因素，合理规划人行走的路线，把握人的空间尺寸的舒适性、灯光设计等。满足人的需要是空间设计的本质追求。

图 2-164 八马茶业标志 / 靳刘高

图 2-165 八马茶业展示设计（1）/ 靳刘高

图 2-166 八马茶业展示设计（2）/ 靳刘高

图 2-167 八马茶业展示设计（3）/ 靳刘高

图 2-168 獐子岛展览设计 / 靳刘高

图 2- 169　獐子岛专卖店设计 / 靳刘高

七、广告传媒类

广告传媒是所有品牌推广活动中必不可少的重要手段。品牌通过各种大众传媒向受众传播信息，从而提高自身知名度。

1. 传统广告媒介

传统广告媒介主要是指户外广告、报纸、杂志、广播和电视广告、车身广告、路牌广告等。

2. 网络广告媒介

比起其他任何一种传播方式，网络广告能更丰富地传达出一家企业的品牌个性，因为它融合了文字内容、声音、动态和颜色，从而创造出一种鲜活而丰富的互动式企业体验。在某些情况下，它更有亲和力、更快捷，因为顾客可以主动操作网页。除了提供有意义的信息外，互联网为顾客提供了一种没有压力的销售环境。好的网络广告，懂得顾客的需求和喜好。一个优秀的网络广告能迅速回答这些问题："这家企业是谁？""为什么人们需要知道它？""它对我有什么用？"在网络上表现一个可信的品牌标识，仍然是设计师需要努力开拓的一片领域。

3. 手机移动广告媒介

手机移动媒体作为新兴的企业形象设计项目的宣传平台，能够缩短企业与消费者之间的距离，实现品牌宣传的最大化。在进行手机 APP 设计时，需要特别注意层次划分的合理性和易用性，力求实现无障碍操作。由于信息量大、元素丰富，因此需要设计师特别注意信息的分级，力求设计出层次清晰，易于解读的界面。同时，还应认识到界面风格和品牌形象的紧密关系，人性化的界面设计可以使 APP 具有良好的识别性、阅读性和趣味性。传统广告设计、网络广告设计、移动媒介设计的案例如图 2-170~ 图 2-178 所示。

图 2- 170 中美洲 BAC Credomatic 银行广告设计 / Lippincott

图 2- 171 中美洲 BAC Credomatic 银行网络媒介设计 / Lippincott

图 2- 172 中美洲 BAC Credomatic 银行移动媒介设计（1）/ Lippincott

图 2- 173 中美洲 BAC Credomatic 银行移动媒介设计（2）/ Lippincott

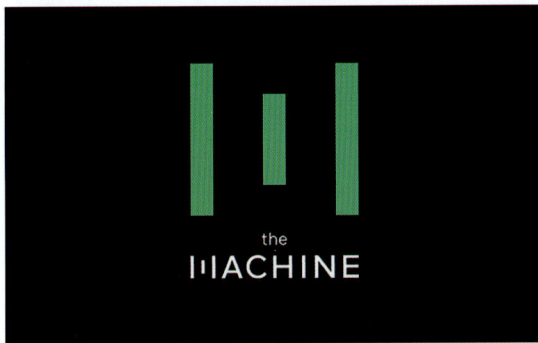

图 2- 174 惠普新标志设计 / Moving Brands

图 2- 175 惠普新视觉形象之广告设计 / Moving Brands

图 2- 176 惠普企业新设计 / Moving Brands

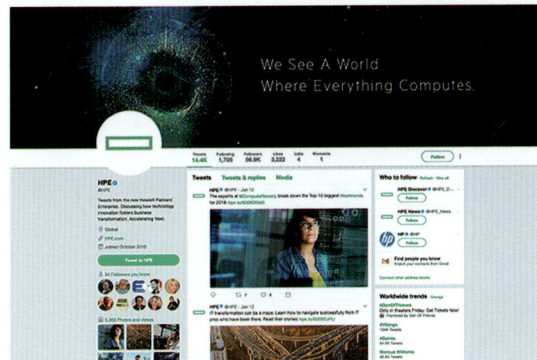

图 2- 177 惠普新视觉形象之网页媒介设计 / Moving Brands

图 2- 178　惠普新视觉形象之广告媒体设计 / Moving Brands

八、公务礼品类

　　这类设计主要以企业的标志识别为导向，以传播企业形象为目的，将企业形象组合表现在实际礼品中，便于推广和交流。它们同时也是一种行之有效的广告形式，主要有 T 恤衫、领带、领带夹、打火机、钥匙牌、雨伞、纪念章、礼品袋等。公务礼品设计案例如图 2-179～图 2-182 所示。

图 2- 179　惠普企业新 VI 公务礼品设计 /
Moving Brands

图 2- 180　北京设计周礼品设计 /
龚琳、温双斌

图 2- 181　2014 年深港设计双年展之礼品设计（1）/
　　　　　Undesign 联合设计

图 2- 182　2014 年深港设计双年展之礼品设计（2）/
　　　　　Undesign 联合设计

拓展知识

VI 设计的新趋势

过去的半个世纪中，企业一直在强调品牌形象的整合与统一化，而作为企业象征性和持续性传达手段的视觉形象系统也始终遵循单一的向下传递模式。但随着印刷媒体大部分被数码媒体所代替，一场新的变革正发生在各个领域。企业只有使用更加多元的、多变的、动态的传达方式，才能打动消费者。

在这种时代背景下，一种新的 VI 设计形式应运而生，它区别于传统静态的单一表现方式，以一系列体系化的多种视觉要素，在传达品牌特性的同时，基于不同的立场、不同的平台、不同的环境、不同的时间表现出不同形态、色彩和运动形式，呈现出一种新的设计趋势。

1.VI 设计的动态化

数码媒体的发展，使 VI 设计再也不能单一地以静态的方式停留在平面载体上。在各种不同媒介的应用中，动态 VI 视觉形象也越来越多地出现在人们的视野中。如 2000 年汉诺威世博会的视觉形象设计，它是根据不同场合设计的可以改变结构与色彩的波纹图形，在整体结构不变的情况下，时刻呈现出不同的形态。动态 VI 设计是技术手段变化的重要标志，它的动感造型与传统造型产生强烈的反差。动态 VI 视觉设计丰富了 VI 视觉设计的表现语言，同时，向传统 VI 视觉设计评判标准提出了挑战。英国 BIPR 视觉设计案例如图 2-183～ 图 2-185 所示。

图 2- 183　英国 BIPR 视觉设计（1）/Igloo

图 2- 184　英国 BIPR 视觉设计（2）/Igloo

图 2-185　英国 BIPR 研究所字体设计 /Igloo

2.VI 形态的多元化

　　现在的 VI 视觉设计形态不再以传统的、简单的、单一的形态存在，而是在不同的载体上，往往以一个标准形态的设计为基础，以一种家族式的形态进行延展设计。时间、空间不同，VI 形态就会不同，但风格统一，这使 VI 设计更为有趣。具体案例如图 2-186 和图 2-187 所示。

图 2-186　英国 BIPR 研究所视觉设计 /Igloo

图 2-187　英国 BIPR VI 形态多元化设计 /Igloo

3.VI 色彩的可变化

　　早期的 VI 设计在色彩的视觉形象上是统一的，但现在一些个性化的品牌 VI 设计却采用多种家族式的色彩加以延伸，可以根据不同的心情、不同的环境、不同的媒介选择不同的色彩搭配。

外部链接

　　推荐阅读书目：《品牌形象设计》，作者为 [英] 法雷利，电子工业出版社出版。

　　该书研究了来自世界各地的 76 位设计师（工作室）在其设计生涯的不同阶段所设计的企业形象识别系统，从而为广大设计师获得灵感和进行实践提供了范本。本书包含有关设计版式、材料和方法的详细探讨，以及大量设计师的访谈，涉及他们的视觉识别项目和代表性的设计作品。

任务六 | VI 手册的编制

训练目的

通过本任务的训练，具备 VI 手册的整体规划能力、手册的编辑能力和设计执行能力。

训练重点

VI 手册整体规划能力，VI 手册的设计与制作能力。

训练难点

掌握 VI 手册编制的规范性、条理性。

训练内容

1. 对已完成的基础与应用两部分的设计进行修整。

2. 完成 VI 手册的规划与设计。

3. VI 手册的装订成册。

基础知识

正确而有效率地将企业想要传播的形象、信息传播出去的架构就是设计系统。设计手册就是将设计系统固定并加以整理的成果，主要提供给企业管理者、广告与印刷发包者及设计师使用。手册有两个作用：一个是避免破坏设计系统，另一个是使新的展开物能够在系统内正确设计。设计系统手册既是"这里就是这样，不可破坏"的法典，也是"就照这样展开"的"指导文书"。如果每次更换负责人与设计师，设计方针也跟着改变，便无法确保影响形象形成的传达一贯性，导致形象无法落实。

一、VI 手册的结构体系

（1）概念的诠释。如 VI 概念、设计概念、设计系统的构成及内容说明。

（2）基本设计项目的规定。主要包括各设计项目的概念说明和使用规范说明等。如企业标志的意义、定位、单色或色彩的表示规定、使用说明和注意事项，标志变化的开发目的和使用范围，具体禁止使用的例子等。

（3）应用设计项目的规定。主要包括各设计项目的设计展开标准，使用规范和样式、施工要求和规范详图等。如办公事物用品类的字体、色彩及制作工艺等。

二、VI 手册的内容

企业视觉形象识别系统（VI）全部项目内容设计完成后，将编制系统、规范的形象手册。VI 手册的内容主要包括企业导入 VI 系统的背景和意义、VI 手册的使用规范和管理规范、VI 手册的编委会成员名单、VI 手册的内容提纲、VI 全部设计项目的内容规范（包括基本要素规范部分和应用要素规范部分）。具体内容如下：序言；企业负责人致辞；企业的经营理念、企业文化及未来发展等；企业导入 VI 系统的背景和意义；VI 手册的使用规范和管理规范；VI 手册的编委会成员名单；VI 手册目录；基础要素设计部分；标志、标准字体、标准色；标志、标准字体的修正设计及辅助色设计；标志、标准字体的制图法和标准色的使用规范；基本要素的组合规范；禁用范例；应用要素设计部分。

三、VI 手册的编制原则

1. 文字的可读性

在设计中，字体的选择与应用首先要便于识别，容易阅读，不能盲目追求效果而使文字失去传达信息的功能。由于不同的字体变化和大小及面积变化，会带来不同的视觉感受，而文字的编排设计是增强视觉效果，并使版面个性化的重要手段，因此，要根据企业精神，选择在形态上或象征意义上与传达内容相吻合的字体。

2. 色彩的适应性

在设计中，色彩是一个重要的组成部分。它可以制造气氛，烘托主题，强化视觉冲击力，直接引起人们的注意与情感上的反应。色彩应以企业色彩为参考进行设计。

3. 版式的系统完整性

版式的编排设计应该与书籍的设计类似，但编排的形式、开本应根据不同的项目区别对待。页码较少、面积较小的册子，设计师应使版面特征醒目，色彩及形象明确突出，版面设计要集中；页码较多的册子，由于要表现的内容较多，为了实现统一整体的感觉，在编排上要注意网格结构的应用，强调节奏的变化关系，并保留一定空白，色彩之间的关系应保持整体的协调统一，保证手册的系统与完整性。

四、VI 手册的编制形式

（1）综合编制。综合编制就是将基本设计和应用设计合编在一起，并以活页式装订，以便于修正替换或增补，国内外不少企业采用这种方法。

（2）基本设计系统和应用设计系统分开编制的方法。依照基本设计和应用项目的不同，以活页的形式分编成两册，主要是为了使用方便。

（3）应用项目分册编制的方法。按不同种类、不同内容的应用项目分别编制，适合大公司、集团化企业、联合企业使用。

拓展知识

伊莱克斯Electrolux
品牌VI手册

平面设计常用标准尺寸表

类型	标准尺寸	
名片	横版：90 mm×55 mm（方角） 竖版：50 mm×90 mm（方角） 方版：90 mm×90 mm	85 mm×54 mm（方角） 54 mm×85 mm（方角） 90 mm×95 mm
IC 卡	85 mm x54 mm	
三折页广告	(A4)210 mm×285 mm	
普通宣传册	(A4)210 mm×285 mm	
文件封套	220 mm×305 mm	
招贴画	540 mm×380 mm	
挂旗	（8开）376 mm×265 mm （4开）540 mm×380 mm	
手提袋	400 mm x 285 mm×80 mm	
信纸	185 mm×260 mm 210 mm ×285 mm	
国内信封标准	B6 号：176 mm×125 mm 与现行 3 号信封一致 ZL 号：230 mm×120 mm 与现行 6 号信封一致 C6 号：114 mm×162 mm C5 号：229 mm×162 mm 与现行 7 号信封一致 C4 号：324 mm×229 mm 与现行 9 号信封一致 小号：220 mm×110 mm 中号：230 mm×158 mm 大号：320 mm×228 mm	
桌旗	210 mm×140 mm （与桌面成 75°夹角）	
竖旗	750 mm×1 500 mm	
大企业司旗	1 440 mm×960 mm 960 mm×640 mm （中小型）	
胸牌	大号：110 mm×80 mm 小号：20 mm×20 mm（滴塑徽章）	

续表

类型	标准尺寸
易拉宝	80/85/90/120/150 cm × 200 cm
X 展架	60 cm × 160 cm，80 cm × 180 cm
海报	40 cm × 60 cm，60 cm × 80 cm，100 cm × 120 cm
喷绘尺寸	**最大宽度**：3.1 m
写真尺寸	**最大宽度**：1.5 m
印刷尺寸	**正度纸张**：787 mm × 1 092 mm **大度纸张**：850 mm × 1 168 mm

外部链接

推荐阅读书目：《原田进：设计品牌》，作者为 [日] 原田进，江苏凤凰美术出版社出版。

任务七 项目提案与评估

训练目的

通过本任务的训练，掌握项目提案的方法，能对设计项目进行公开的讲解与演示，了解市场需求和美学评价标准，能对作品做出合理的评估。

训练重点

项目提案制作能力，设计项目的讲解能力。

训练难点

项目提案的讲解与评估。

训练内容

1. 项目 PPT 制作。

2. 项目提案。

3. 项目评估。

4. 项目修整与提交。

基础知识

一、项目提案

在小组的设计完成后，最后的环节是各小组向全体同学展示自己的设计方案，方案通常以 PPT 的形式来演示。陈述设计方案时，应该把该项目的立项主题、最初的构思到最后的设计、整个演讲过程清晰地展示出来。和设计稿本身相比，前期的各种调研、分析、发散、推导过程同等甚至更加重要，而把这个思考过程完整、有逻辑性地展现给客户，和只展示设计稿相比，可以更有效地获取他们的认可。

事实上，叙述是一个很好的沟通手段，它可以使小组的整体设计提案形成一个紧密的结构体系。这个过程也是对课程进行很好的总结的机会。如果人们像讲故事一样，描述这个设计方案是如何诞生的，相信那会是一种令人印象深刻的方式。讲故事这种表现形式是帮助人们组织和回忆课前的最好方式。当然，设计提案的故事，应该有开端、过程和结尾，可以按人们的思考框架来组织，要保证陈述的简练，条理要非常清晰，无须对设计过程的细枝末节都一一做出说明。

项目提案中需要注意的是，每一演示页面只讲一个问题，文字不要太多太长，尽量提取关键词和关键句。调研分析的材料，如果能以图表的方式表达是最理想的。页面不要使用过多的色彩，避免同时出现两种以上的字体，以免造成页面的凌乱，影响设计主题和方案的传达。

为了在陈述时显示出自信并且流畅顺利地传达出本组的想法，小组应在事前尽可能进行方案陈述的演练，在进行提案时，小组的所有成员都应该站在讲台上显示团队的精神风貌，由其中一个同学主讲，最后各位成员也可以简单地讲讲自己的感受，或就其他同学提出的问题互动交流。

在未来的设计工作中，提案是人们经常要做的事情，如果向你的客户陈述你的构思，从某种意义上讲，你可能需要向他们推销你的构思方案。在这里各小组成员要好好想想，该如何向客户证明自己的方案是最棒的。

项目提案案例如图 2-188 ~ 图 2-201 所示。

图 2- 188　Directions 旅游公司品牌形象 /
Soha El Nassag

图 2- 189　Directions 旅游公司品牌形象设计
提案（1）/ Soha El Nassag

图 2- 190　Directions 旅游公司品牌形象设计
提案（2）/ Soha El Nassag

图 2- 191　Directions 旅游公司品牌形象设计
提案（3）/ Soha El Nassag

Fonts used

HalibutCondensed

Aa Bb Cc 123
ABCDEFGHIJKLMNOPQRSTUVWXYZ
abcdefghijklmnopqrstuvwxyz
1234567890$%⑩

Optane

Aa Bb Cc 123
ABCDEFGHIJKLMNOPQRSTUVWXYZ
abcdefghijklmnopqrstuvwxyz
1234567890$%@

图 2- 192　Directions 旅游公司品牌形象设计
提案（4）/ Soha El Nassag

图 2- 193　Directions 旅游公司品牌形象设计
提案（5）/ Soha El Nassag

图 2- 194　Directions 旅游公司品牌形象设计
提案（6）/ Soha El Nassag

图 2- 195　Directions 旅游公司品牌形象设计
提案（7）/ Soha El Nassag

图 2- 196　Directions 旅游公司品牌形象设计
提案（8）/ Soha El Nassag

图 2- 197　Directions 旅游公司品牌形象设计
提案（9）/ Soha El Nassag

图 2- 198　Directions 旅游公司品牌形象设计
提案（10）/ Soha El Nassag

图 2- 199　Directions 旅游公司品牌形象设计
提案（11）/ Soha El Nassag

图 2- 200 Directions 旅游公司品牌形象设计
提案（12）/ Soha El Nassag

图 2- 201 Directions 旅游公司品牌形象设计
提案（13）/ Soha El Nassag

二、方案评估

1. 一致性

VI 设计的基础要素和运用要素在元素和风格上都必须保持高度一致。视觉识别的一致性可加强传达信息的频率与强度，给大众留下强烈的印象与影响力。

2. 规范性

VI 设计的规范性体现在基础部分，基础部分是对企业标志的规范和约束，从组合形式、结构特点、比例大小、标准颜色、辅助图形、辅助颜色、印刷字体、吉祥物等进行明确规范。基础部分的设计应该注重严谨，对标志形成可控化的应用规范。

3. 可执行性

CI 设计不是设计师的异想天开，而是要求具有较强的可执行性。优秀的 CI 设计如果不能顺利地得到执行，或者是 CI 系统不能精准无误地实施到企业的各项运作范畴之中，发挥其真正的价值，那么这套 CI 系统就只能成为企业与品牌的装饰物，CI 设计存在的意义也就基本为零了。

外部链接

推荐阅读书目：1.《品牌识别法则》，作者为 [美] 布德尔曼、[美] 沃兹尼克，曹治译，江西美术出版社出版。

2.《品牌如何成为偶像》，作者为 [美] 霍尔特，商务印书馆出版。

3.《什么是品牌设计》，作者为 [英] 马修·赫莉，中国青年出版社出版。

浏览网页：http: // www.brandchannel.com.

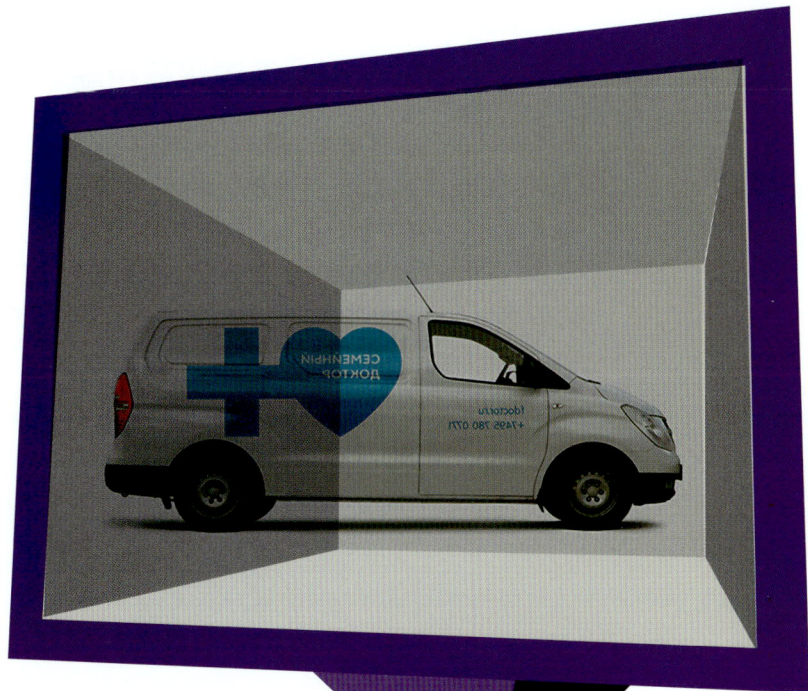

第三篇
鉴赏篇

一、Sprudelhof 德国黑森州温泉庭院 VI 设计

　　Sprudelhof 是坐落于德国黑森州的一座温泉庭院，已有百年的历史。VI 设计的核心目的就是视觉化地呈现出这里是一个水的乐园，一方享受生活的乐土，呈现出它本来的样子。其字体设计的灵感来源于庭院内标志性的两排拱形连廊，其波浪形的外观与水的主题十分贴合。辅助图形里的人物造型源自庭院内静默的石像，以简练的线条将其勾勒出生命力，将一群人享受温泉养生、以水为乐的画面呈现出来。水蒸气下的两颊晕圈浮现于每个人的脸庞也作为关键的视觉元素贯穿于标志、导视系统及物料应用（图 3-1 ~ 图 3-8）。

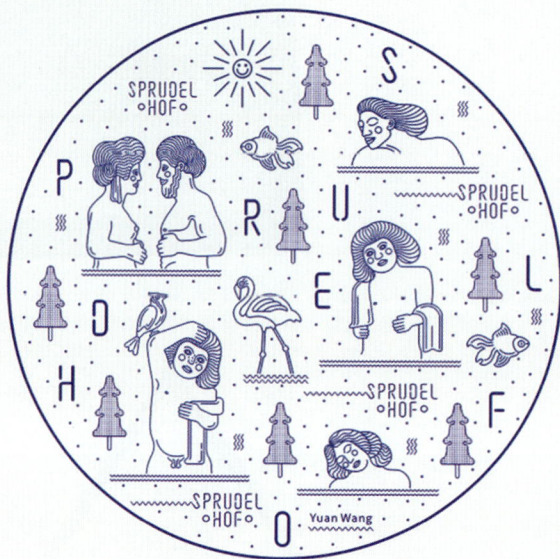

图 3-1　Sprudelhof 德国黑森州温泉庭院 VI 设计（1）/ Studio Yuan

图 3-2　Sprudelhof 德国黑森州温泉庭院 VI 设计（2）/ Studio Yuan

图 3-3 Sprudelhof 德国黑森州温泉庭院 VI 设计（3）/ Studio Yuan

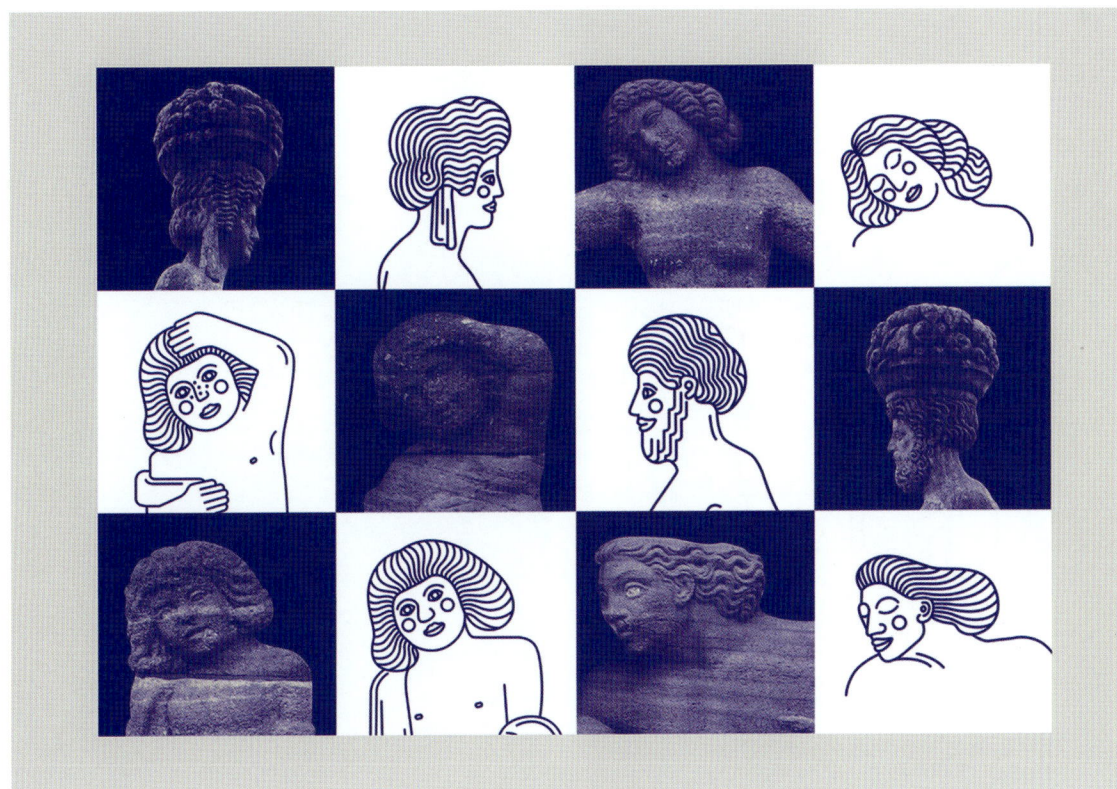

图 3-4 Sprudelhof 德国黑森州温泉庭院 VI 设计（4）/ Studio Yuan

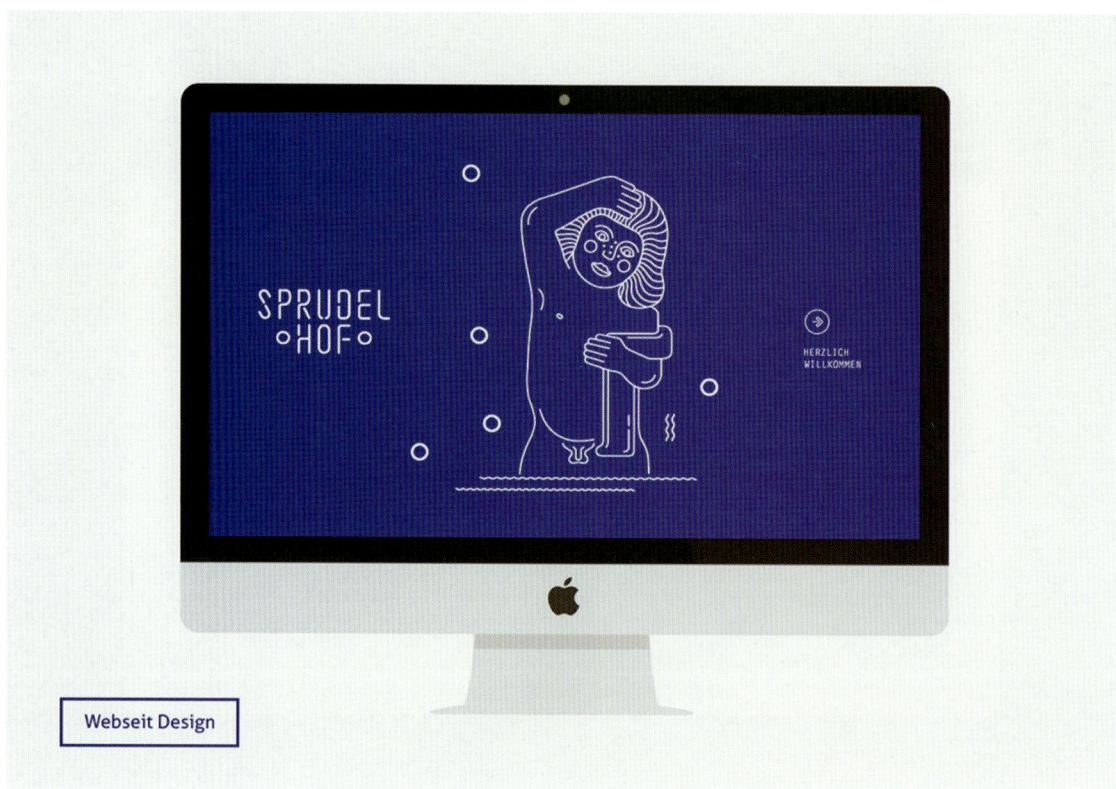

图 3-5 Sprudelhof 德国黑森州温泉庭院 VI 设计（5）/ Studio Yuan

图 3-6 Sprudelhof 德国黑森州温泉庭院 VI 设计（6）/ Studio Yuan

图 3-7　Sprudelhof 德国黑森州温泉庭院 VI 设计（7）/ Studio Yuan

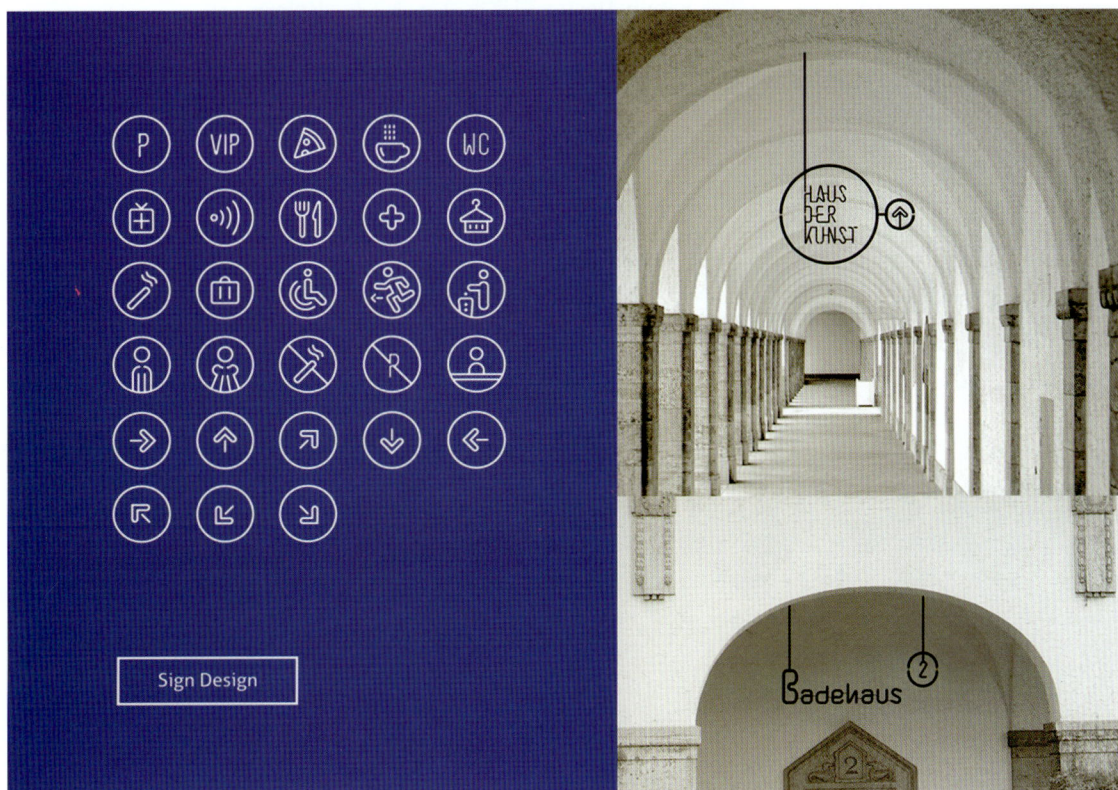

图 3-8　Sprudelhof 德国黑森州温泉庭院 VI 设计（8）/ Studio Yuan

二、俄罗斯 Family Doctor 视觉形象设计

Family Doctor 是俄罗斯第一家私人诊所和医疗网络中心。其视觉形象设计基于"统一"的整体视觉语言，各种物体由两个基本符号"心脏"和"十字"结合在一起，整体视觉风格简洁，基调色调柔和，同时开发设计了一系列儿童治疗项目的吉祥物（图3-9～图3-17）。

图 3-9　俄罗斯 Family Doctor 视觉形象设计（1）/Rologo

图 3-10　俄罗斯 Family Doctor 视觉形象设计（2）/Rologo

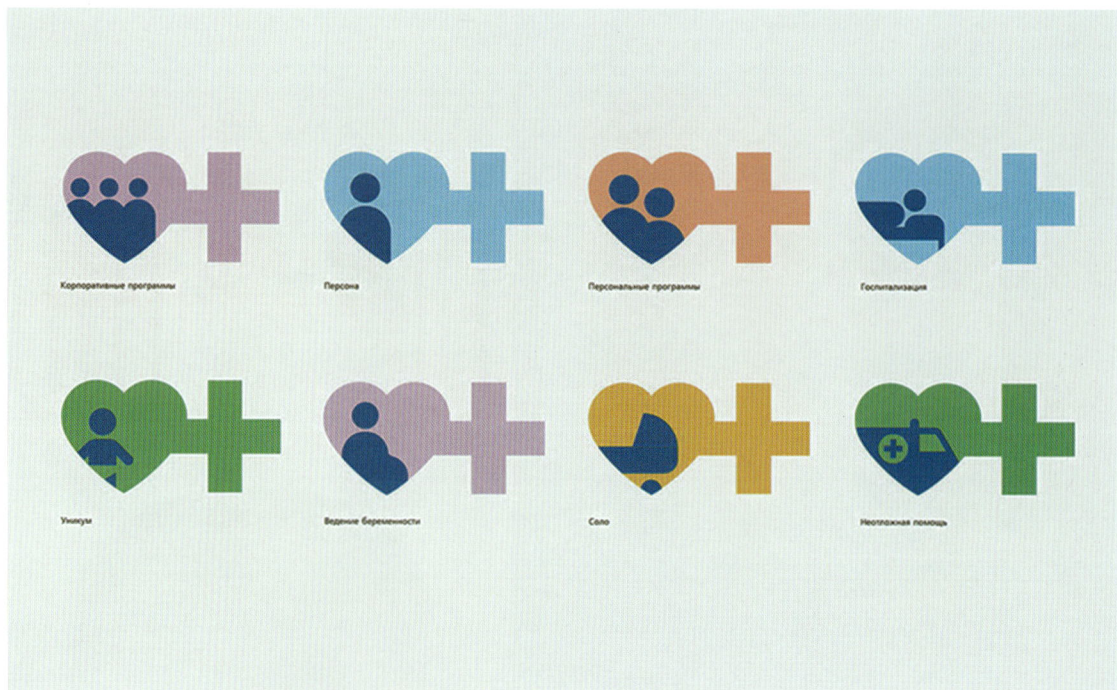

图 3-11　俄罗斯 Family Doctor 视觉形象设计（3）/Rologo

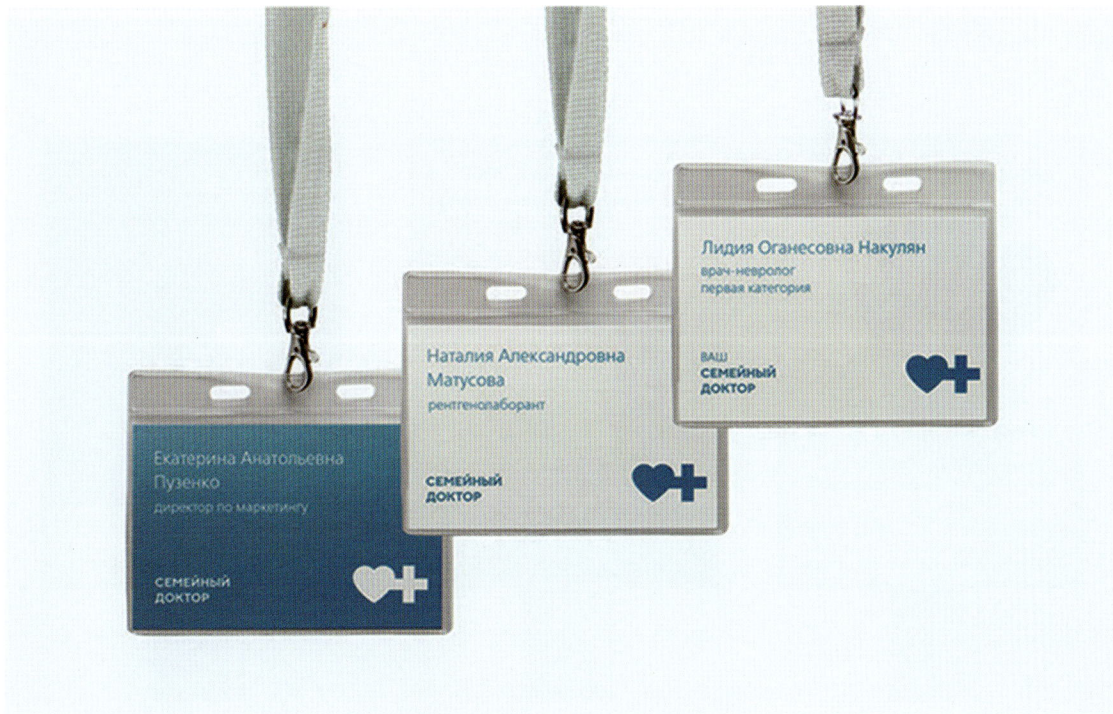

图 3-12 俄罗斯 Family Doctor 视觉形象设计（4）/Rologo

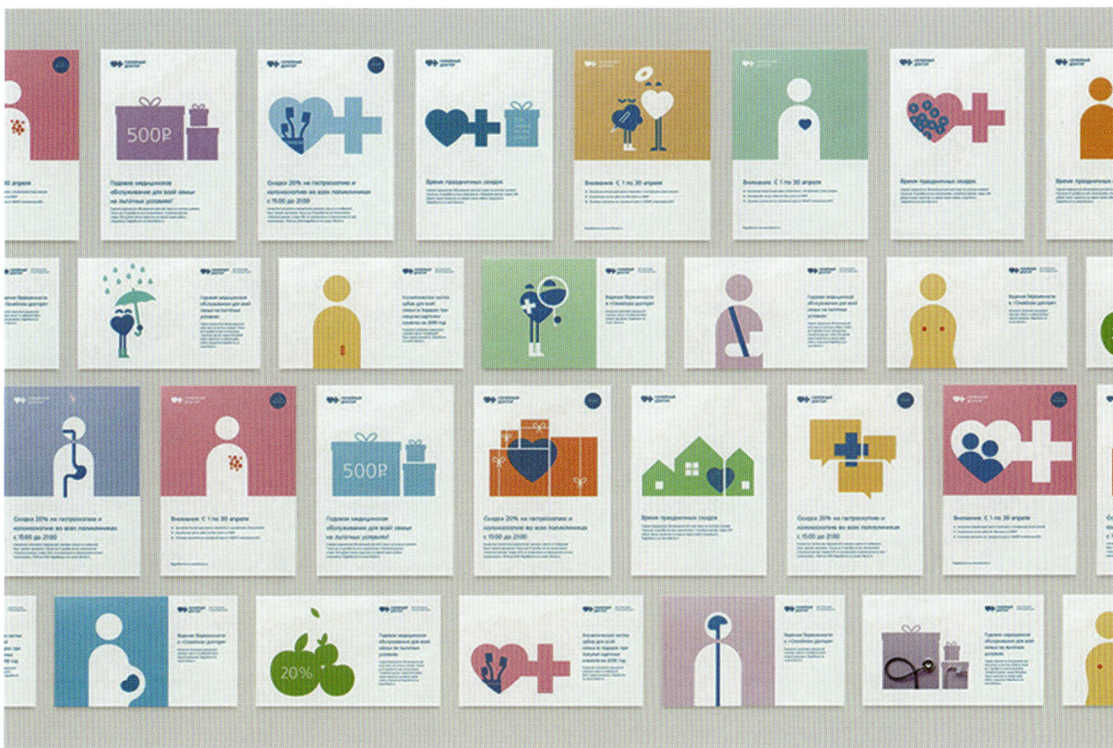

图 3-13 俄罗斯 Family Doctor 视觉形象设计（5）/Rologo

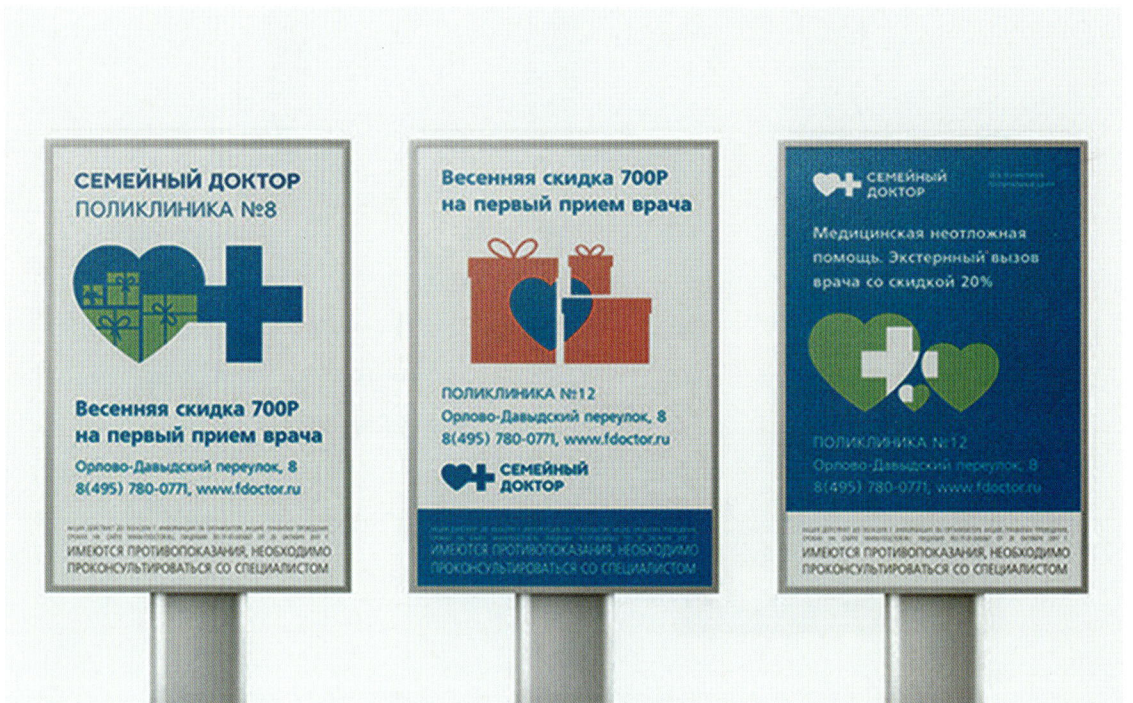

图 3- 14　俄罗斯 Family Doctor 视觉形象设计（6）/Rologo

图 3- 15　俄罗斯 Family Doctor 视觉形象设计（7）/Rologo

图 3- 16 俄罗斯 Family Doctor 视觉形象设计（8）/Rologo

图 3- 17 俄罗斯 Family Doctor 视觉形象设计（9）/Rologo

三、罗马尼亚 Tinmar 能源公司 VI 设计

　　Tinmar 是一家综合能源服务商，业务遍及 20 多个欧洲市场，是罗马尼亚最大的 B2B 能源供应商。设计者探索设计了不同角度的 T 字立体图形，不同的立体标志的呈现，使后续的应用更多元，从而避免了单一的标志贯穿整个应用系统困境（图 3-18～图 3-24）。

图 3-18　罗马尼亚 Tinmar 能源公司视觉设计（1）/ Logocola

图 3-19　罗马尼亚 Tinmar 能源公司视觉设计（2）/ Logocola

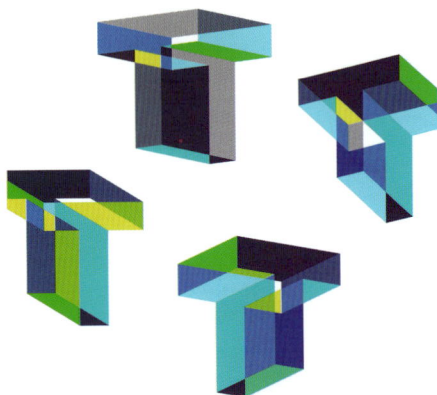

图 3-20　罗马尼亚 Tinmar 能源公司视觉设计（3）/ Logocola

图 3-21　罗马尼亚 Tinmar 能源公司视觉设计（4）/ Logocola

图 3-22　罗马尼亚 Tinmar 能源公司视觉设计（5）/ Logocola

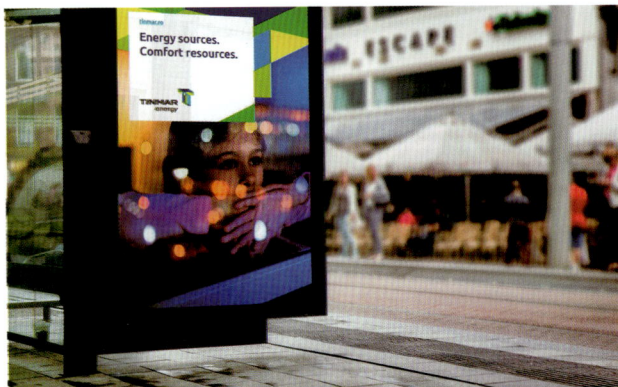

图 3-23　罗马尼亚 Tinmar 能源公司视觉设计（6）/ Logocola

图 3-24　罗马尼亚 Tinmar 能源公司视觉设计（7）/ Logocola

四、舟山港 VI 视觉设计

舟山港是群岛形态，港口散点分部在各个岛各个区域。多桥梁连接是舟山港陆路运输的特点，同时也成为舟山市很重要的城市印象。舟山普陀山是著名的"海南观音像"景观的所在地，从前舟山人祈求观音保佑每次出航平安，回航满载。"莲花"是舟山重要的人文色彩表现。因此，设计中提取了"海（行业属性）、山（地形）、桥（城市名片）、人（在地精神）"的视觉元素，标志表现远山近海、群岛大桥，展现出新区和企业发展乘风破浪的态势，也展现了港航物流链的延伸和整合（图 3-25 ~ 图 3-30）。

图 3-25　舟山港 / 靳刘高

图 3-26　舟山港视觉形象设计（1）/ 靳刘高

图 3-27　舟山港视觉形象设计（2）/ 靳刘高

图 3-28　舟山港视觉形象设计（3）/ 靳刘高

图 3-29　舟山港视觉形象设计（4）/ 靳刘高

图 3-30　舟山港视觉形象设计（5）/ 靳刘高

五、加拿大安大略艺术设计学院视觉形象设计

安大略艺术设计学院（OCAD University）是加拿大最大的艺术和设计类大学，以专业化和创造性以及创新而闻名。该校在取得了学位授予地位后，需要一个新的视觉形象，以反映未来的道路和一个有 135 年历史的品牌大学正在迅速发展的巨大变化。

这个视觉形象系统中的标志设计是动态的、模块化的。每年获得学生奖章的毕业生将会受邀以这些窗户的形状为基础设计一个特殊的标识，这个标识将会在接下来的一年中被应用。随着时间的推移和安大略艺术设计学院的成长，这些不断变化的标识也会逐渐积累并显现出学校创意及文化的发展历程（图 3-31 ~ 图 3-35）。

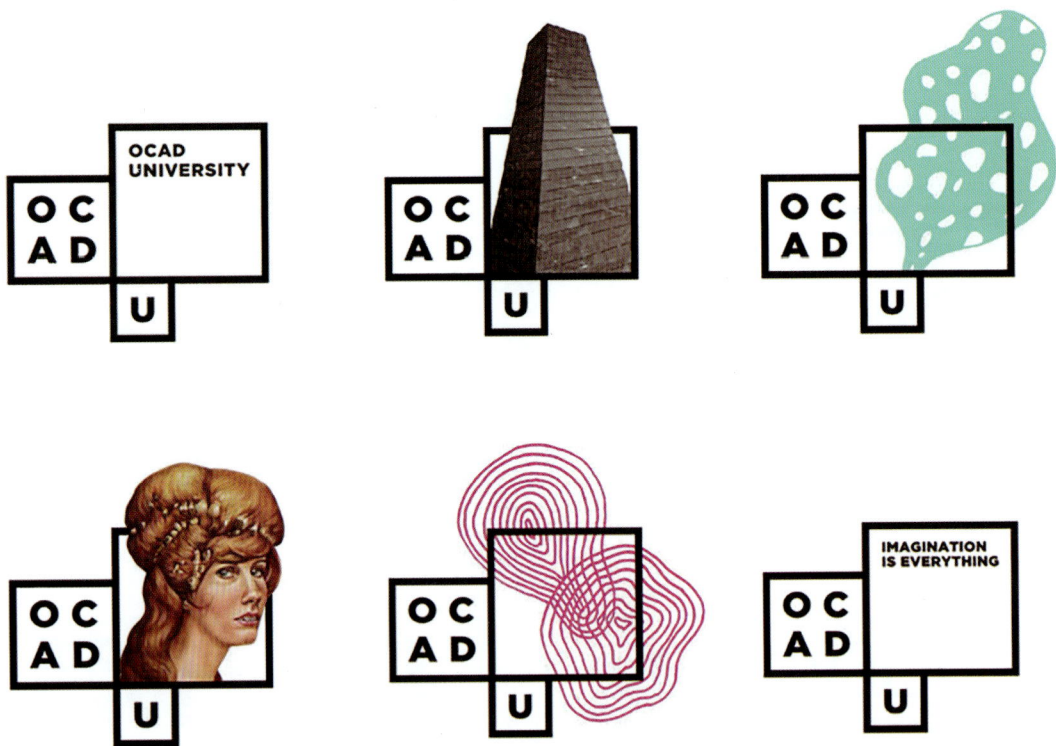

图 3-31 安大略艺术设计学院视觉形象设计 / Bruce Mau Design

图 3-32 安大略艺术设计学院视觉形象应用设计（1）/ **Bruce Mau Design**

图 3-33 安大略艺术设计学院视觉形象应用设计（2）/ **Bruce Mau Design**

图 3-34　安大略艺术设计学院视觉形象应用设计（3）/ Bruce Mau Design

图 3-35　安大略艺术设计学院视觉形象应用设计（4）/ Bruce Mau Design

六、国际野生生物保护学会 VI 设计

国际野生生物保护学会（WCS）是世界上最大、最有成就的保护组织之一，致力于保护野生生物及其栖息地。该组织标志的核心图形是一个由三个互锁件和三种颜色组成的简单"W"，标志可用线性、颜色或图像来表现。色彩上有五色和双色表现形式，在实际应用中标志表现具有一定的灵活性，其右边几何形可以作为容器，内置各种生物，反映了保护野生生物多样性的概念（图 3-36 ~ 图 3-42）。

图 3-36 国际野生生物保护学会视觉设计（1）/ Pentagram

图 3-37 国际野生生物保护学会视觉设计（2）/ Pentagram

图 3-38 国际野生生物保护学会视觉设计（3）/ Pentagram

图 3-39　国际野生生物保护学会视觉设计（4）/ Pentagram

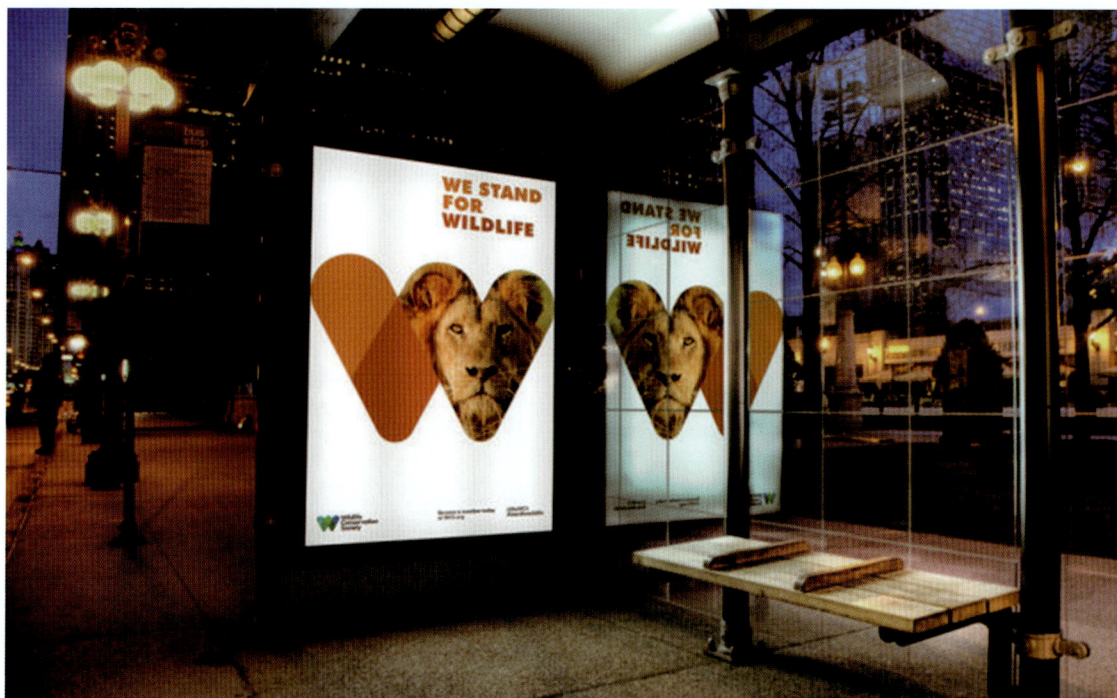

图 3-40　国际野生生物保护学会视觉设计（5）/ Pentagram

图 3-41　国际野生生物保护学会视觉设计（6）/ Pentagram

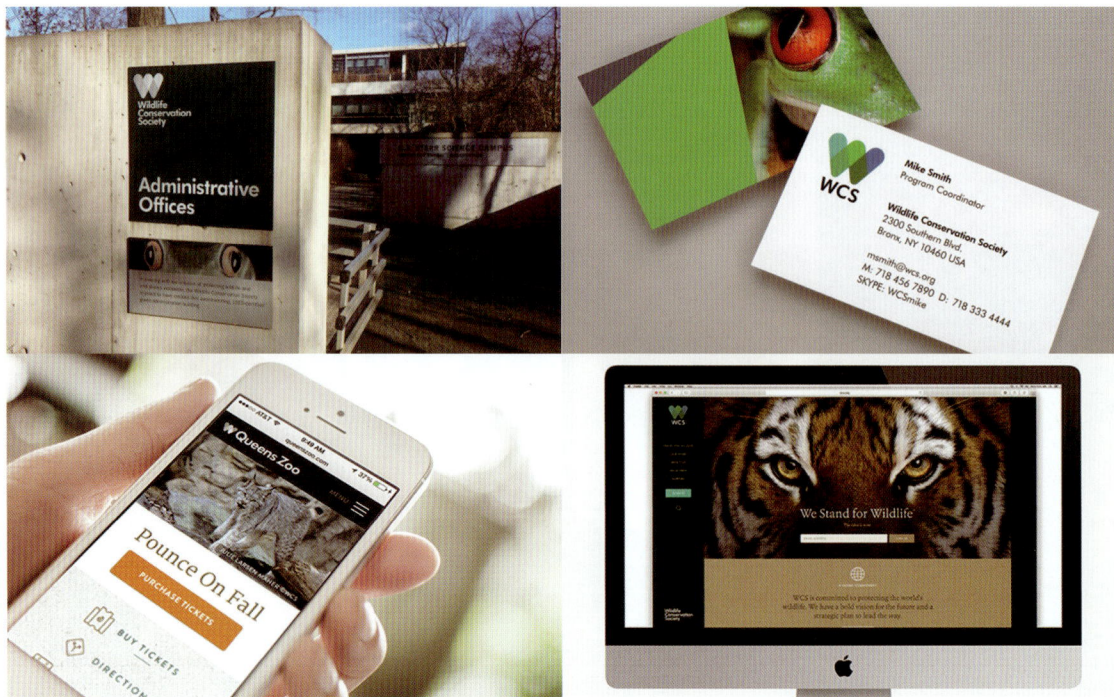

图 3-42　国际野生生物保护学会视觉设计（7）/ Pentagram

七、2015 年中国台湾设计师周 VI 设计

2015 年中国台湾设计师周以"探索"为主题，探索的重点在于未知及其带来的可变化性，强调过程更甚于成果。在这样的设计思维下，标志就有了打破方正规矩，运用动态的视觉形象呈现探索的寓意。该标志的视觉表现，如同拨开一层层的外衣，探索最内在本质，而这也是标志要传达的精神。被裁剪的几何造型像是探索的渐渐成形。六种不同角度造型的图形通过几种方法呈现，在后续应用中更为多元，从而避免了单一的标志贯穿整个应用系统的单调，一层层的图形不断地往外延伸，每一层图形被拆解开满画面，拆开的单一造型本身即可应用，在此起码有数十种单一造型可供应用（图 3-43～图 3-48）。

图 3-43　2015 年中国台湾设计师周视觉设计（1）/ 李耕在

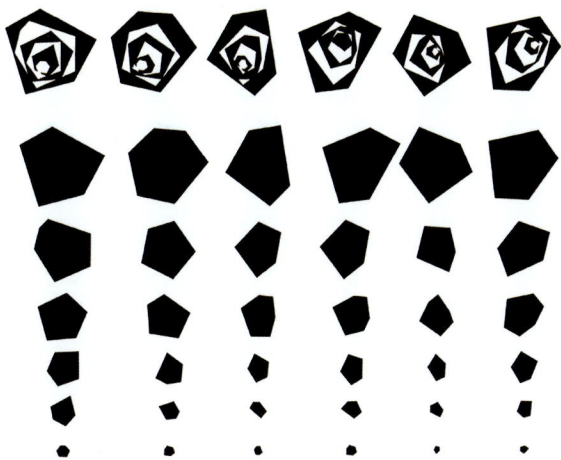

图 3- 44　2015 年中国台湾设计师周视觉设计（2）/ 李耕在

图 3-45　2015 年中国台湾设计师周视觉应用设计（1）/ 李耕在

图 3-46　2015 年中国台湾设计师周视觉应用设计（2）/ 李耕在

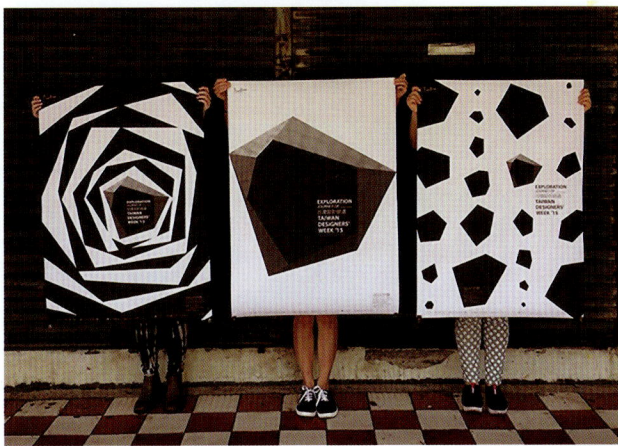

图 3-47　2015 年中国台湾设计师周视觉应用设计（3）/ 李耕在

图 3-48　2015 年中国台湾设计师
周视觉应用设计（4）/ 李耕在

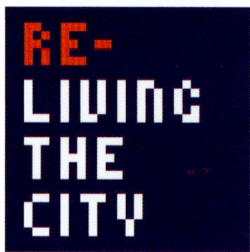

图 3-49　2015 UABB Exhibition
Identity 视觉设计（1）/Another Design

八、中国 2015 UABB Exhibition Identity VI 设计

　　该设计通过再利用与改造的方式，根据主题核心的"Re"进行概念延展，将概念融入原有的视觉形象、原有的图形、原有的字体、使用过的物品、使用过的装置等事物之上，再次呈现一个涵盖二维至三维空间的全新视觉系统。在这种设计理念指导下，使用废旧报纸、规划图、编织袋和建筑材料等做成的设计品，每一个都将独一无二（图 3-49～图 3-52）。

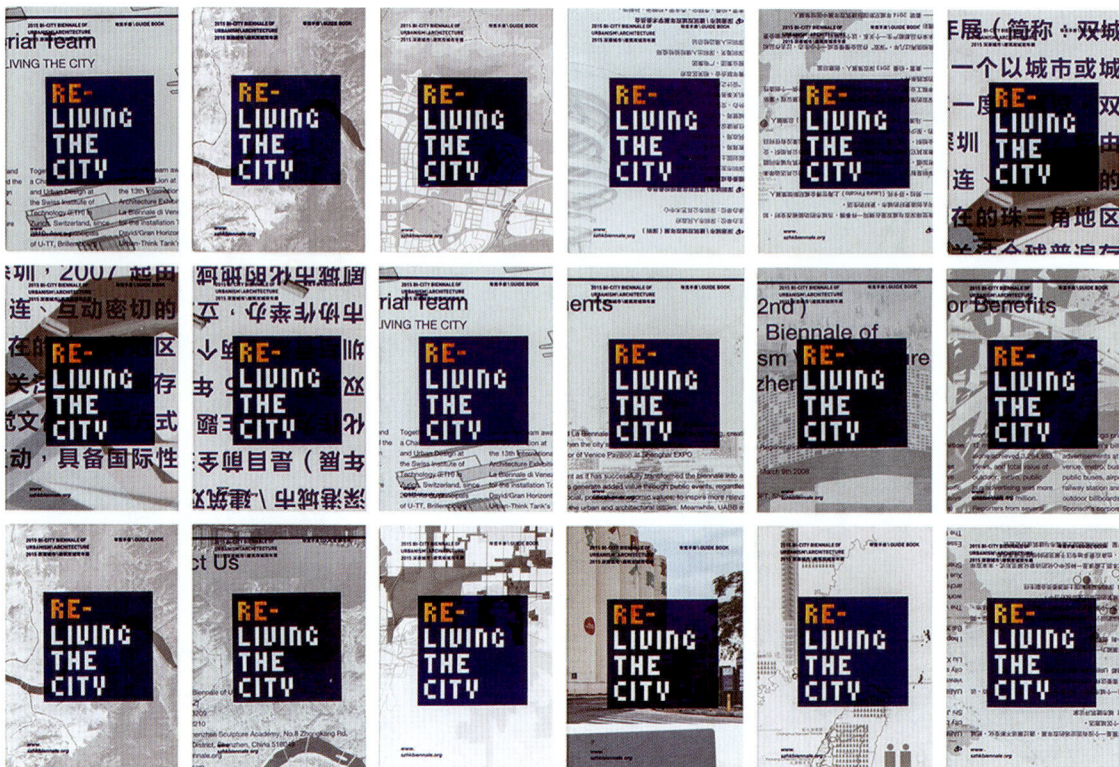

图 3-50　2015 UABB Exhibition Identity 视觉设计（2）/Another Design

图 3-51　2015 UABB Exhibition Identity 视觉设计（3）/Another Design

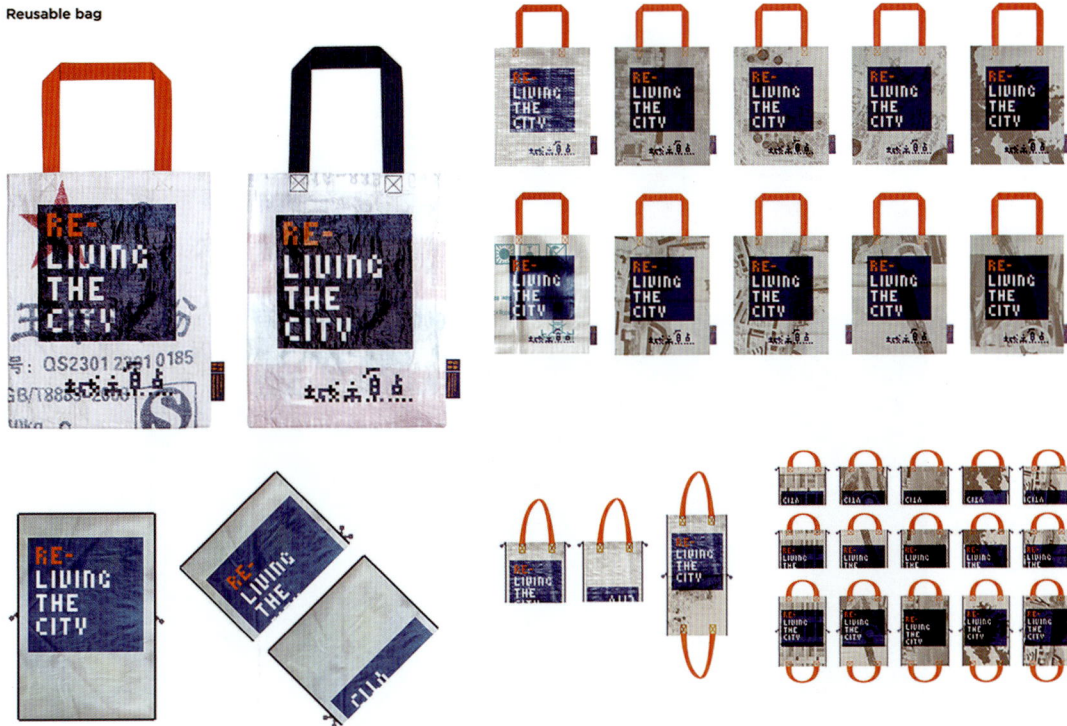

图 3-52　2015 UABB Exhibition Identity 视觉设计（4）/Another Design

九、"一带一路"国际合作高峰论坛 VI 设计

"一带一路"是"丝绸之路经济带"和"21世纪海上丝绸之路"的简称。会徽造型以渐变色的金、蓝色两条丝带为主元素，分别代表"丝绸之路经济带"和"21世纪海上丝绸之路"，既体现"一带一路"的多样性，也具有中国特色。两条丝带汇聚形成球形，体现包容、团结、合作的寓意，代表着全球合作、互利共赢的人类共同心愿（图3-53～图3-58）。

图3-53 "一带一路"国际合作高峰论坛视觉设计（1）/ 东道设计

图3-54 "一带一路"国际合作高峰论坛视觉设计（2）/ 东道设计

图3-55 "一带一路"国际合作高峰论坛视觉设计（3）/ 东道设计

图 3-56　"一带一路"国际合作高峰论坛视觉设计（4）/ 东道设计

图 3-57　"一带一路"国际合作高峰论坛视觉设计（5）/ 东道设计

图 3-58　"一带一路"国际合作高峰论坛视觉设计（6）/ 东道设计

中华人民共和国
商标法

中华人民共和国
广告法

参考文献 REFERENCES ······················

[1] 王受之 . 世界平面设计史 [M]. 北京：中国青年出版社，1998.

[2] 王受之 . 世界现代设计史 [M]. 北京：中国青年出版社，2015.

[3][美] 唐纳德·A·诺曼 . 设计心理学 [M]. 北京：中信出版社，2016.

[4][美] 黛比·米尔曼 . 像设计师那样思考 2：品牌思考及更高追求 [M]. 孟姗，译 . 上海：上海
人民美术出版社，2018.

[5][德] 沃尔夫冈·谢弗，J·P·库尔文 . 品牌思维：世界一线品牌的 7 大不败奥秘 [M]. 李逊楠，
译 . 苏州：古吴轩出版社，2017.

[6] 柳冠中 . 设计方法论 [M]. 北京：高等教育出版社，2011.

[7] 靳埭强 . 品牌设计 100+1：100 个品牌商标与 1 个品牌形象设计案例 [M]. 北京：北京大学
出版社，2016.

[8] 陈楠 . 标志与视觉识别系统设计 [M]. 沈阳：辽宁美术出版社，2014.

[9] 丁嘉明 . 品牌标志设计 [M]. 武汉：湖北美术出版社，2009.

[10][西] 弗雷德斯 . 欧洲 16 国最新标志设计全索引 [M]. 上海：上海人民美术出版社，2006.

[11][美] 莱斯利·凯巴加 . 标志字体设计圣经 [M]. 上海：上海人民美术出版社，2006.

[12] 肖勇 . 标志与 VI 设计 [M]. 北京：中国轻工业出版社，2013.

[13][日] 佐藤可士和 . 佐藤可士和的超整理 [M]. 南京：江苏凤凰美术出版社，2009.

[14][英] 法雷利 . 品牌形象设计 [M]. 北京：电子工业出版社，2013.

[15] 肖勇，李晓梅 .VI 设计学习手册 [M]. 北京：高等教育出版社，2013.

[16] 李鹏程 .VI 品牌形象设计 [M]. 北京：人民美术出版社，2010.

[17] 王旭玮 . 标志与 VI 设计 [M]. 武汉：华中科技大学出版社，2017.

[18][美] 瑞恩，柯诺瓦 . 美国视觉传达完全教程 [M]. 上海：上海人民美术出版社，2008.

[19][英] 马修·赫利 . 什么是品牌设计 [M]. 胡蓝云，译 . 北京：中国青年出版社，2009.

[20][美] 艾·里斯，杰克·特劳特 . 定位 [M]. 北京：机械工业出版社，2017.

[21][日] 原田进 . 设计品牌 [M]. 黄克炜，译 . 南京：江苏凤凰美术出版社，2016.

[22][美] 霍尔特 . 品牌如何成为偶像 [M]. 胡雍丰，孔辛，译 . 北京：商务印书馆，2010.

[23][美] 布德尔曼，金，沃兹尼克 . 品牌识别法则 [M]. 曹治，译 . 南昌：江西美术出版社，
2011.

后记 AFTERWORD ···◉

　　本书在编写过程中得到了许多业界和教育界同仁的支持，在此表示衷心的感谢！由于编者学识有限，本书中难免存在疏漏与不足之处，恳请设计界、企业界和教育界的同仁及读者给予指正。

　　书中引用的有关作品及图片仅供教学分析使用，版权归原作者所有。由于时间仓促，本书对有考证的图片都做了尽可能详细的出处标注，个别图片因资料不全无法确认，在此对有关作者表示歉意！若有发现，欢迎来电联系，以示感谢！

　　希望此书的出版能让更多的学生和设计爱好者受益，使其不仅成为一本教材，也成为设计爱好者所喜欢的参考用书。

编　者

2018 年 12 月